QDAソフトを活用する

実践 質的データ分析入門

Sato Ikuya
佐藤郁哉

新曜社

※本書にデータ分析の対象として引用されている記事や論文は，著作権者の許諾を得て使用しています。

※当社も著者もソフトの使用法等に関する個別の質問を受け付けることはいたしておりません。購入後はそれぞれのソフトウェアのユーザー・サポートに直接質問するか，ユーザー・フォーラムを参照して下さい。

※ Microsoft 社の Windows, Word, PowerPoint および Excel は，米国 Microsoft Corporation の米国その他の国における登録商標です。MAXqda は，VERBI Software. Consult. Sozialforschung. GmbH, NVivo は，QSR International Pty. Ltd., ATLAS.ti は，Scientific Software Development の登録商標です。

はじめに

　この本は，質的データ分析のための入門的なガイドブックである。主たる読者としては，次のような疑問や悩みを抱えている人々を想定している。

——テープ起こしを済ませたインタビューの記録が山のようにあるのだが，これをどのようにして整理していけばいいのだろうか？
——アンケートをしてみたら，その自由記述欄には非常に興味深いコメントがかなり多く含まれていることが分かった。しかし，それをどのような形で分析していけばいいのか，皆目見当がつかない。
——新聞や雑誌の記事をもとにしてレポートをまとめようとしている。それらのほとんどは電子化されているので一見かなり効率的な分析ができそうにも見えるのだが，どのような部分をどうやって切り取ってデータとして処理していけばいいのか，よく分からない。

　本書では，以上のような問題に対する有力な解決法として，「QDA (Qualitative Data Analysis) ソフトウェア」の利用を提案する。**QDAソフトウェア**は，主として，インタビューの内容を書き起こした記録（「テープ起こし」）あるいは新聞や雑誌の記事のような文字テキスト情報を文書型データベースとして体系的に整理し，また分析していくために開発されたコンピュータ・プログラムである。
　QDAソフトウェアは，欧米ではすでに20年以上も前から社会調査の現場で広く使用されていたが，アルファベット系以外の文字テキストの分析には使いづらいものだったこともあって，日本ではこれまであまり知られていなかったものである。さいわいなことに，最近になってQDAソフトの中にもマルチ言語対応のものが何種類か出てきて，日本語の文字データも扱えるようになっている。これは，日本でおこ

i

なわれる「質的研究」ないし定性的調査にとって画期的な意味を持つものであり，またそれが本書執筆の主な動機のひとつにもなっている。

その意味では，本書はQDAソフトに関する入門書的なマニュアルとしての性格を持っている。もっとも，本書の目的は，単にソフトウェアのマニュアルを提供することにとどまるものではない。その一方で，この本では，それらのソフトウェアの背景にある基本的な原理や，質的データが主な資料として用いられる社会調査の基本的な発想についても解説を加えている。それらの発想や原理は，まだ電子化されていない文字テキストを紙媒体の資料のままで体系的に整理し分析していく際にも応用できるものである。

つまり，この本では，単に技術的な「ハウツー（How）」の部分について解説していくだけでなく，その一方では「**なぜ質的調査や質的データが重要なのか**」あるいはまた「**なぜ質的データをそのような方法で分析していくべきなのか**」という，「なぜ（Why）」の部分についての答えも提供していくのである。

全部で10章からなる本書では，前半部分にあたる第1章から4章までで，その「なぜ」の問いに対する答えにあたる，質的データ分析の原理に関する解説をおこなう。後半部分の第5章から9章にかけては，QDAソフトを使って具体的なデータを処理していく際の手順について，「ステップ・バイ・ステップ」形式で紹介する。最後に第10章では，質的データ分析に関する最も有力な方法論的立場であり，多くのQDAソフトにその発想が取り入れられている「グラウンデッド・セオリー・アプローチ」について，特に1章を割いて紹介していく。

本書は，2年ほど前に刊行された『定性データ分析入門』の改訂版にあたる。同書では，QDAソフトが当時まだ日本ではそれほど普及していなかったこともあって，MAXqda, ATLAS.ti, NVivoという3つの代表的なソフトウェアの基本的な操作法について，それぞれ1章をあてて紹介した。

それに対して，本書では，特定のソフトの使用法に関するマニュアル的な解説はむしろ極力少なめにして，QDAソフトを用いた質的データ分析のエッセンス（特に，定性的コーディングおよび比較分析を通

した概念モデルとストーリーの構築）についての解説に重点を置いた。これは，一つには，QDA ソフトに関しては，比較的頻繁にバージョンアップやマイナー・アップデートがおこなわれており，それらの変更内容についてその都度フォローアップをおこなうことは，紙媒体の書籍ではおのずから限界があるからである。

なお，著者が最もユーザーフレンドリーな QDA ソフトであると考えている MAXqda の具体的な操作法については，本書の姉妹編である「QDA ソフトウェア入門」を，ウェブ上から自由にダウンロードして利用できる資料 (http://www.shin-yo-sha.co.jp/sato_data.htm からリンクされている) として提供しておいた。同資料に関しては，MAXqda のバージョンアップがなされた時には随時内容を更新していく予定である。

「QDA ソフトウェア入門」を掲載したウェブサイトからは，MAXqda を使って実際にデータを分析したサンプルをダウンロードすることもできる。この分析例については，本書の第 6 章と第 9 章で，いくつかの分析テクニックの適用例を示しておいた。

本書には，ウェブ版の「QDA ソフトウェア入門」の他にもう 1 冊，『質的データ分析法』(新曜社, 2008) という，書籍版の姉妹編もある。こちらでは，質的研究にもとづく論文や報告書によく見られるいくつかの傾向や問題について明らかにした上で，質的データ分析の基本的な原理と発想法に関する解説をおこなった。同書では，本書の場合にはごく簡単な紹介にとどめたポイントについてもかなり詳しく論じてあるので，質的研究のあり方についてさらに掘り下げて考えてみたい場合には，そちらを参照していただきたい。

目 次

はじめに i

第1章 質的データとは何か？ 1

 1 「きたない」データと後味の悪さ   1
 2 質的データと量的データ，質的調査と量的調査   4
   質的データ 対 量的データ   4
   量的調査が理想形？   7
 3 質的研究の意義   8
   量的研究にとっての質的データ分析の意義   8
   単純な二分法を超えて   9
 4 質的データの意義   10
 5 質的データとしての文字テキスト   11
   文字テキストデータの重要性   11
   文字テキストデータ分析のポイント   12

第2章 質的データ分析の基本原理──紙媒体篇 15

 1 紙のカードによる質的データ分析   15
 2 紙媒体のデータ分析の概要   16
 3 「セグメント化」から「ストーリー化」まで   16
 4 脱文脈化と再文脈化   19
 5 2段階の再文脈化   20
 6 質的データ分析における分類と配列   21
   分類の原理と配列の原理   21
   配列原理の汎用性とデータベース化   22
   ストーリー化における分類原理の重要性   23
 7 質的データ分析と文脈情報   24
   解体と再構築   24

　　　　　「翻訳」としての質的データ分析　　　　　　　　　　　24
　　⑧　カード方式（紙媒体）におけるセグメント化と
　　　　データベース化　　　　　　　　　　　　　　　　　　25
　　⑨　カード方式におけるストーリー化の手順　　　　　　　27
　　⑩　カード方式の問題点　　　　　　　　　　　　　　　　29

第3章　質的データ分析の基本原理——電子媒体篇　　　33

　　①　情報の電子化と検索ツールの効用　　　　　　　　　　33
　　②　電子化とストーリー化　　　　　　　　　　　　　　　34
　　　　　再編集におけるビジョンの重要性　　　　　　　　　34
　　　　　「部品」作成のためのセンス　　　　　　　　　　　35
　　③　索引用コードによるストーリーラインの構築　　　　　36
　　　　　目印としての索引用コード　　　　　　　　　　　　36
　　　　　カード方式と QDA ソフトウェア　　　　　　　　　37
　　④　QDA ソフトウェアの基本的構成　　　　　　　　　　38
　　　　　電子化の利点　　　　　　　　　　　　　　　　　　38
　　　　　画面構成　　　　　　　　　　　　　　　　　　　　39
　　　　　概念モデルとしてのツリー構造　　　　　　　　　　42
　　⑤　記述的コードと分析的コード　　　　　　　　　　　　43

第4章　質的研究の特質と QDA ソフト　　　47

　　①　質的研究法の多様性と共通点　　　　　　　　　　　　47
　　②　質的研究におけるインタラクティブ性と柔軟性　　　　51
　　　　　インタラクティブ性　　　　　　　　　　　　　　　51
　　　　　柔軟性　　　　　　　　　　　　　　　　　　　　　52
　　③　QDA ソフトにおけるインタラクティブ性と柔軟性　　52
　　　　　QDA ソフトのインタラクティブ性　　　　　　　　52
　　　　　QDA ソフトの柔軟性　　　　　　　　　　　　　　53
　　　　　コラム　体験版の入手とライセンスの購入　　　　　54

第5章　プロジェクトファイルの作成と文書のインポート（取り込み）　57

　　①　プロジェクトファイルの作成　　　　　　　　　　　　57
　　　　　外部データベース方式と内部データベース方式の概要　57
　　　　　それぞれのデータベース方式の利点と問題点　　　　58

|2| 文書ファイルの形式　59
|3| 文書のインポートと文書の整理　61
|4| 文書の保存とバックアップファイルの作成　62

第6章　予備的分析　65

|1| 紙媒体による予備的分析　65
　　紙媒体を用いた分析作業の必要性　65
　　電子ファイルと紙媒体資料の対応　66
　　手作業でのコーディング　67
|2| 電子文書レベルでの予備的分析　69
　　文字列検索機能の利用　69
　　文書メモの作成　71

　コラム　文字列検索機能の応用例 —— 発言頻度分析など　73

第7章　コーディングと概念モデルの構築　75

|1| コードの無限増殖と概念モデルの構築　75
|2| コード割り当ての手順　76
|3| 帰納的コーディングと演繹的コーディング　77
|4| 概念モデルとしてのツリー構造と「索引」としての
　　コードリスト　78
　　概念モデルとしてのツリー構造　78
　　索引としてのコードリスト　80
|5| 概念モデルとしてのダイアグラム（図解表示）　81
|6| 紙のカードの併用　83

第8章　コード付セグメントの検索とさまざまなタイプの
　　　比較分析　85

|1| データベース・ソフトとしての QDA ソフトウェア　85
|2| 「文書－コード・マトリックス」　86
|3| QDA ソフトにおける比較分析の概要　87
　　さまざまな比較分析の相対的位置づけ　87
　　4種類の比較分析の実例　88
|4| QDA ソフトにおける操作例　89

5	戦略的な比較分析をめざして	91
	コードと文書（事例）の組合せパターン	91
	比較分析における戦略的アプローチ	92
6	検索済みセグメントの画面表示と印刷	93
	コラム セグメントが大きすぎて全体のパターンが読み取りにくい時には……	94

第9章 分析メモの作成とストーリー化　97

1	分析メモの概要	97
2	分析メモの種類とQDAソフトの操作法	98
	コードメモ	98
	理論的メモ	99
	方法論的メモ	101
3	必須記入項目	101
4	メモの通覧と印刷	102

第10章 「データ密着型理論」としてのグラウンデッド・セオリー　105

1	「データ密着型理論」の歴史	105
2	グラウンデッド・セオリー・アプローチの概要	106
3	データに即した理論の構築	107
	理論家と調査屋のあいだの階級的差別	107
	量的調査と質的調査の相対的な位置づけ	109
	「たたき上げ式」の理論構築	110
4	データ収集とデータ分析の同時進行	111
	「ワンショット・サーベイ」の場合	111
	グラウンデッド・セオリー・アプローチの場合	113
5	定性的コーディング・継続的比較法・理論的メモによるデータ分析	115
	オープン・コーディング	116
	継続的比較法	118
	理論的メモ	121
6	理論的サンプリングによるデータ収集	122
	統計的サンプリングとの違い	122
	理論的サンプリングの場合	124
	理論的飽和	125

7	本書の立場	127
	「本家争い」と分派をめぐる混乱	127
	より本質的な問題	128
補論	定性的コーディング 対 定量的コーディング	135
	2つのタイプのコーディングの概要	135
	定量的コーディング	136
	定性的コーディング	138
	演繹と帰納	139

あとがき 141
注 145
引用・参考文献 152
人名索引 155
事項索引 157

装幀＝虎尾　隆

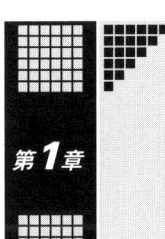

第1章　質的データとは何か？

1　「きたない」データと後味の悪さ

「話としては面白いけど，それで科学論文と言えるの？　小説とかエッセイとどこが違うのかな」
「結局，自分の言いたいことにとって都合のいいエピソードとか当事者の証言を取り上げただけじゃないの？」
「『データ』はどこにあるんですか，データは？　科学論文というのは，『作文』とか読書感想文じゃないんだからね。『ハードデータ』を出さなきゃダメだよ」

　インタビュー記録や文書資料など文字テキストが中心になっている調査データについては，これを量的データ（数値データ）と対比させる意味で，よく**質的データ**あるいは**定性データ**と呼ぶことがある。これらのデータを元にして事例レポートをまとめて発表した際に必ずといっていいほど出てくるのが，以上のような質問やコメントである。
　実際，主に質的データを用いておこなわれる質的研究には，2つの意味で重大な欠陥が存在するようにも思える。それは，分析の対象とすべきデータ自体の「乱雑さ（messiness）」ないし「きたなさ」であり，また最終的に調査報告書をまとめた以降に残りがちな「後味の悪さ」である。
　最初にあげた，質的データが持つ見かけ上の乱雑さあるいは「きたなさ」という点については，まず，以下にあげるフィールドノートとインタビュー記録の例を眺めてみよう。これらは，両方ともIT系の最有力企業のひとつだったDEC（デジタル・エクィップメント）を対象

1

にしておこなわれた組織エスノグラフィーの傑作『**企業文化のエンジニアリング**（*Engineering Culture*）』からの引用である（引用部分は著者が原著から訳出したものである）。(同書の中でDECは一貫して「テック(社)」という仮名で呼ばれている。なお，邦訳書の題名は『洗脳するマネジメント』（日経BP，2005年）)。

【例1】フィールドノート[注]

　彼のオフィスは，仕切りで囲まれた秘書室の後ろの角の方にある。ひときわ目立つのは，プロジェクトとその進捗状況をカラーマーカーで描いた大きなチャートと，計算用の黒板。机の真上には『ニューヨーク・タイムズ・マガジン』から切り抜いた広告の1ページ。黒の背景に「俊足こそ勝利への道」という，シンプルでしゃれた白抜き文字のフレーズが書かれている。同じようなタイプのオフィスにある市販の飾り物とはかなり違う。隣にあるのは，『ニューヨーカー』からの切り抜き。「血しぶき煙る」こん棒を持った上司が，殴られて地面に倒れたばかりの部下に向かって「これでもう右脳から馬鹿なアイディアは出てこないよな」と言っている。その左には，氷におおわれた小島で独りぼっちで釣りをする漁師の絵が描かれたカード。そのまわりはサメだらけ。テック社における生活についてはよくその種の喩えが使われるが，それを絵にしたものだ。その隣には，「勝者」とだけ書かれたカードと，もう1枚，一列に並んでバラバラにタクトを振る指揮者たちの前で，ひとりで演奏するバイオリニストを描いた別のカード。[1]

【例2】インタビュー記録

　大きな会社に入れば安心だと思ってたんだ。たとえ仕事がツマラなくて給料が安くてもね。第一，僕はどんな組織にも一体感なんて持ったことはないんだよ。そういうのは，狭い仲間内だけの話だしね。人間関係というのはしょっちゅう変わるけど，仕事そのものは

[注] 本書では，単数形の「フィールドノート」と複数形のフィールドノーツを使い分けている。詳しくは，佐藤郁哉『ワードマップ　フィールドワーク　増訂版』(新曜社，2006) pp.215-216参照。

残るよね。もらった給料分だけベストを尽くすだけさ。自分の価値がどれぐらいのものかってことは分かっているつもりだし。フレックスタイムだけど，8時間以上は絶対働かないことにしている。テクノロジーを自分の趣味にしてるわけじゃあないしね。自宅にコンピュータなんか置いていないし，人づきあいと仕事はごっちゃにしないようにしている。ひとりで仕事をする方が好きなんだ。ワークショップや会議には出ないことにしてる。ああいうのは，印象を良くしたいとか昇進したいと思っている人だけ出ればいいんだ。「仕事中毒になる」とか「自我関与」なんて，冗談じゃない。与えられた仕事をするだけさ。プロジェクトっていうと社内政治がらみだけど，そんな気色の悪いことには首をつっこまないようにしてる。実際，プロジェクトの連中は，おたがいにケンカばかりしてる。すぐ自己防衛したがるし，被害妄想ばっかりだ。いつも「ひどいよなあ？」って言うんだ。他人の批判をしているばかりだし，責任を人になすりつけることしか考えてない。だから，僕はあんなヒステリックな大騒ぎには関わらないようにしてるんだ。[2]

　これらの例に見るように，インタビュー記録やフィールドノーツというのは，表面上は，小説の一部やジャーナリストの書く記事とそれほど変わるところはない。その点からすれば，いわゆる「科学的データ」のイメージからは遠くかけ離れているようにも見える。もっとも，『企業文化のエンジニアリング』自体は，全篇を通して【例1】や【例2】のようなデータを元にして論を進めているにもかかわらず，データの解釈や理論的主張という点で，きわめて説得力のあるものとなっている。また，著者の文章の冴え（この辺は，ぜひとも原著でも味わいたいところ）もあって，『企業文化のエンジニアリング』を読み通してみると，優れたリアリズム小説やルポルタージュのような読みごたえがある。

　ただし，質的データを用いて書かれた調査報告書がすべての場合についてそのような，読みごたえがありまた説得力に富むものになっているとは限らない。それどころか，質的研究による報告書の中には，まさに本章の冒頭にあげたコメントや批判がぴったりと当てはまるようなものが少なくない。言葉をかえて言えば，そのような「質の低い

質的研究」は，質的データという，そのままでは一見「きたない」ものようにも見えかねないデータや資料を体系的に整理し，またそれを元にして理論を組み立てていくプロセスにおいて，重大なミスを犯しているのである。

実際，主としてインタビュー記録や現場観察記録あるいは社内文書，新聞や雑誌の記事などをもとにして調査レポートを書いた後で，わたしたちは，次のような種類の後味の悪さを持ってしまうことが少なくない。

・最初に持っていた思いこみや仮説にとって都合のいい証言を，つまみ食いをしただけではないのか？
・集めたデータのうち，ほんの少しのものしか使っていないのではないか？
・実は，貴重なデータを見落としてしまったのではないか？

このような後味の悪さを持たないで済むようにするためには，当然のことながら，一定の方針にもとづいて質的データを分析していく必要がある。本書の課題は，そのような体系的な分析法における基本的なポリシーと具体的な技法について解説していくことにある。

2 質的データと量的データ，質的調査と量的調査

質的データ 対 量的データ

社会調査の際にデータとして用いられる資料には，上の『企業文化のエンジニアリング』の例で見たインタビュー記録やフィールドノー

A （文字テキスト中心の資料）	B （非言語的情報が中心の資料）	X （数値情報が中心の資料）
フィールドノーツ	映像記録・映画	国勢調査データ
インタビュー記録	写真	サーベイ・データ
日記・日誌	絵画・彫刻・塑像	事業所統計
社史・人事考査関係記録・議事録	楽譜・振付譜	世論調査データ
行政文書	音楽・舞踊・舞踏・演劇等の パフォーマンス	視聴率データ
雑誌・新聞等の記事		事故統計・犯罪統計
小説・詩・エッセイ・手記・伝記		企業の財務諸表
電子メール・ブログ・ウェブ上の記載		

ツ以外にも，以下にあげるような実に種々さまざまなものがある。

　このうちAとBのグループの資料が，いわゆる**質的データ**と呼ばれるものである。一見互いに何の共通項もないようなこれだけ多様なタイプの資料には，ひとつ重要な共通点がある。それは，それらの資料が含む情報のうち最も重要な部分が数値で表現されていない，という点である。（なお，後でふれるように，Aのグループの資料は主として言語的なものであるのに対して，Bは非言語的な情報がかなりの部分を占めている。）このような資料を調査データとして使う場合，それを「**質的データ**」ないし「定性データ」と呼ぶことが多い。そして，その対義語は，数値に関わる情報がデータの中心部分を占める「**量的データ**」ないし「定量データ」である。つまり，上にあげた例で言えば，Xのグループに含まれるような調査資料が，これにあたる。

　質的データには，重要な情報が数値で表現されていないという点に加えて，もうひとつ顕著な特徴がある。それは，そのような非数値的な情報が調査データとして扱う上で必ずしも容易な形にはなっていない，という点である。この点が，それらの調査資料を目にした時にわたしたちが持つ「きたないデータ」ないし「乱雑なデータ」という印象にもつながってくる。

　そのような印象については，たとえば，上にあげた『企業文化のエンジニアリング』が扱っているのと同じような研究課題やリサーチクェスチョンについて，主として量的データを使って調査をする場合と対比させて考えてみると，ある程度理解できる。

　表1・1は，『企業文化のエンジニアリング』の扱っているものと同じようなテーマについて数値データを収集し，その結果を集計した場合を想定して作成してみたものである。

　『企業文化のエンジニアリング』における主たるリサーチクェスチョンは，以下のようなものであった。

・テック（DEC）社がその代表的な成功例と見なされてきた，一枚岩的な結束を強調する「強い」企業文化を中心とする「規範的統制」は，企業のパフォーマンスにとって本当に機能的であると言えるのか。
・もし強い企業文化が機能的であるとするならば，それは，どのよ

表1・1　組織文化と企業のパフォーマンスの関連についての数値表
（数値はすべて架空のもの）

	変数① 企業文化 の強さ	変数② 儀式・セ レモニー の頻度	変数③ 特殊な 「会社語」 （隠語）の 数	変数④ 構成員の 同質性 （性,年齢, 人種）	変数⑤ 年間転職 率	変数⑥ 精神的ス トレス発 生率	変数⑦ 成長性	変数⑧ 収益性	変数⑨ 産業分野
事例1:テック社	75.0	123	56	8.6	10.1	3.4	93.58	38.54	5（通信）
事例2:インダスコ社	41.2	34	13	5.3	21.0	1.1	54.30	26.80	2（製造）
事例3:アップル社	14.3	13	4	3.1	33.5	0.8	15.20	92.50	2（製造）
事例4:ブラム社	42.5	42	11	4.8	18.7	2.3	38.60	63.83	2（製造）
事例5:アライド社	18.6	19	8	2.5	43.1	0.2	13.20	12.50	2（製造）
……									
事例86:ドック社	73.4	124	53	8.2	9.9	3.3	92.85	39.10	5（通信）
……									
事例300:X社	73.2	98	61	9.2	9.9	4.3	89.50	43.52	13（運輸）
事例301:Y社	21.0	21	3	1.5	38.5	0.2	9.60	8.90	6（金融・保険業）

うにして実現されているのか。どのようなことが，実際に組織内での慣行としておこなわれているのか。
・強い企業文化は，従業員の，仕事に対する取り組み方や精神および肉体面の健康状態に対して，どのような影響を与えているか。

　表1・1は，このような調査トピックに関して，複数の企業を対象にして質問紙サーベイ（いわゆる「アンケート」）を実施し，またそのサーベイ調査の集計データと各社の主要な財務データなどを組み合わせた場合を想定して架空例として作成してみたものである。

　この表のような数値データは，見方によっては，先にあげた例1と例2のフィールドノートやインタビュー記録に比べれば，いかにも「きれい」でクリーンな科学的データであるかのように見えるかも知れない。実際，「**ハードデータ**」つまり，信頼のおける確かなデータという時にわたしたちが通常思い浮かべるのは，まさに表1・1のような数値データであろう。また，このような数値データを元にしておこなわれる統計解析の結果を盛り込んだ調査報告書も，主に質的データを使って書かれた，小説やエッセイのようにも見えかねない質的な調査報告書に比べてみれば，客観性や科学性という点ではるかに勝っているようにも見える。事実，そのような報告書には，表1・1のよ

うにまとめられた数値表だけでなく，自然科学の分野における研究報告書を思わせるようなグラフや数式が出てくることも稀ではない。

量的調査が理想形？

　以上のような，「科学的データ」ないし科学レポートというものに関する通念ないし固定観念と，わたしたちが学校教育を通して学んできた事柄とのあいだには，きわめて密接な関連があるように思われる。わたしたちは，長年の学校での教育を通して，しばしば次のようなことを教え込まれてきた――「数字や数式を用いることによって，我々は間違いのない，たった1つの正解にたどり着くことができる」。一方わたしたちは，それと並行して，言葉を中心とするテキストや芸術作品というものにはきわめて多様な解釈の余地があり，またそれらの解釈はきわめて主観的な要素が強いものである，ということについても教えられてきた。そのような学校的常識からすれば，量的調査というのは数学や理科の教科に近く，他方で，質的調査は国語や音楽あるいは美術という教科に近いものだ，と考えてしまうのも無理はないだろう。

　さらにそのような見方からすれば，次のようにさえ思えてくるだろう――もしかしたら質的データというのは，あまり信用のおけない調査データなのかも知れない，そして質的研究の報告書というのは，よくて小説やエッセイ，悪くすると読書感想文のようなものでしかないのではないか……。質的研究の報告書をまとめた後にどうしようもない後味の悪さを感じてしまうことが多いのも，わたしたち自身の頭の中に，質的データや質的研究に関する，このような一般的通念が刷り込まれているからなのかも知れない。

　文科系科目の試験，たとえば現代国語の場合には，試験が終わった後で正解を示されても，どうにも納得のいかない気持ちになってしまうことが少なくない。これに対して，数学や理科の試験では，多くの場合，ただひとつの正解があることが前提となっている。となると，社会調査をおこなう者が担う最終的な責務は，それをできるだけ，曖昧さのない唯一の正解を出すことができる数学や理科のようなものにしていくことにあるのではないか，とさえ思えてくる。つまり，数値データを中心とする量的調査法こそが，社会調査の理想だと思えてく

るのである。

③ 質的研究の意義

量的研究にとっての質的データ分析の意義

しかし，今ではよく知られているように，以上のような，質的データと量的データの関係，ひいては質的研究と量的研究の関係についてのとらえ方は，データ自体の見かけ上の「美しさ」と社会調査の最終的な分析結果の妥当性や信頼性とを取り違えることによって生じる，単なる誤解に過ぎない。また当然のことながら，外見上はどのように「きれい」なデータに見えても，きちんとした手続きを経て収集されたものではない限り，数値データは「ガーベージ（屑，ゴミ）」のようなものでしかない。そして，ハードデータ，すなわち信頼できる確かな量的データを獲得していくためには，その前提として，何らかの意味での質的データ分析がどうしても必要になってくる。

データ解析や情報処理に関しては「**ガーベージ・イン・ガーベージ・アウト**（GIGO；くず入れくず出し）」という，一種の格言がある。この格言が持っているもともとの意味は，「コンピュータにゴミのようなデータを入力すれば，無意味で無価値な答えしか得られない」というものである。この格言を当てはめて言えば，どのような高度な統計手法を使ったとしても，その分析手法で解析すべき原材料である肝心の数値データがガーベージ的なものである時には，当然のことながら，得られる結果はほとんど何の情報価値もない雑音(ノイズ)のようなものでしかないのだと言えるだろう[3]。社会調査においてガーベージではない良質の数値データを収集し，またその数値の意味するところを的確に読み取っていくためには，どうしてもある種の「**現場感覚**」，つまり，そのデータが扱っている社会生活の実態に関する深い理解が必要になってくる。そして，その現場感覚は，実は広い意味での質的データ分析にもとづいていることが少なくない。

たとえば，表1・1であげられている一つひとつの数値が持っている意味について的確に読み取っていくためには，事前に何らかの情報にもとづいて，企業社会のあり方ないしは企業組織の中における個人の生活や心情について理解していなければならない。実際，そうでな

ければ，表 1・1 は，単なる無意味な記号の束に過ぎなくなるだろう。そして，そのような現場の状況を理解する上で貴重な情報源となるのは，数値データでなく，むしろ何らかの質的データであることが少なくない。

それは，たとえば，企業関係者数人に対するインフォーマルな聞き取りの結果ないしはちょっとした会話から得られた情報なのかも知れない。あるいはまた，いくつかの企業の社史を読んだ体験や企業を舞台にした小説から得られた個人的印象，自分自身の企業での体験や知人から聞いた話から得た知識や情報などが，数値データの解釈に対して影響を与えているのかも知れない[4]。言うまでもなく，そのような情報や知識は，決して単なる「つまみ食い」的なものであってはならない。また，データやその解析結果が持つ意味について読み取っていく際には，それら情報や知識が暗黙のうちに解釈に対して影響を与えているのかも知れない，という点に関してはよほどの注意が必要である。

単純な二分法を超えて

したがって理想を言えば，量的調査をおこなう場合には，その一方で，よりシステマティックな形での質的データ分析を実施し，その結果と数値データの分析結果とのつき合わせをしていかなければならないのである。あるいは，少なくとも，同じようなテーマに関しておこなわれたものの中で比較的信頼のおける質的研究を先行研究として参考にできれば，これに越したことはない。(実際，海外でおこなわれる良質の社会調査においては，過去10数年来，そのような点が指摘されることが多くなってきている。)

全く同じことが，主として質的データを用いて分析がおこなわれる質的研究についても指摘できる。質的データを中心にして詳細なケーススタディをおこなうとなると，どうしても限られた数の事例しか扱えないことになるが（たとえば，『企業文化のエンジニアリング』は，DEC 社 1 社の事例研究である），その少数の事例の位置づけを明らかにしたり，あるいは調査結果を一般化しようとする場合には，どうしても量的調査で得られた情報や知識を活用していく必要が生じてくるのである。

4 質的データの意義

　ここでひとつ注意しておかなければならないのは，調査で扱われる資料に含まれている情報の中には，しばしば数字で表現することがそれほど意味を持たない種類のものが存在するということである。これについては，① 研究の進展状況からして数値化がまだ難しい場合と，② そもそも数値に還元することがほとんど意味を持たない場合，という2つのケースに分けて考えることができる。

　1番目のケースは，まだ十分に研究が進んでいないために，現段階では重要な概念について測るモノサシを作って数値化していくことがほとんど不可能な場合である。たとえば，先にあげた『企業文化のエンジニアリング』の例で言えば，「企業文化」という概念を当てはめて検討していくべき現実の状況がまだあまり明らかになっていない段階では，たとえば質問紙——いわゆる「アンケート」——に含まれるいくつかの質問項目に対する回答を点数化して，表1・1にあげられているような「企業文化の強さ」を数値で測るモノサシを作ることは，ほとんど無意味な作業だと言えるだろう。また，もしあえてそのような尺度を作ったとしても，そのような調査で得られる結果は，ほとんど意味を持たないものになるであろう。

　このような段階では，むしろ，関係者による証言の記録や事例研究の対象になった企業についての観察記録を丹念に検討し，あるいは関連する社内資料を集めて読み取っていくようなことが大切な作業になる。そのような調査の結果をまとめた報告書では，それらの質的データを通して企業文化という概念それ自体について明らかにしていくことが，主なテーマのひとつになる。そして，そのような調査報告書は，将来企業文化の「強さ」あるいは「弱さ」を測定するための尺度を構成して量的調査をおこなっていく際には，きわめて重要な手がかりを与えることにもなるだろう。

　一方，資料から得られる最も本質的な情報については，それを数値に置き換えることがほとんど意味を持たず，むしろ資料が質的データとして持つパターンや構造を割り出していくことの方が重要である場合も存在する。逆に言えば，それを無理に数値に還元した場合には，

資料に含まれている最も貴重な情報があらかた失われてしまうのである。かなり多くの数のケースについて当てはまる一般的な法則性というよりは，むしろ個々の事例を理解していくことの方に主たる関心がある場合などは，まさにその典型例である。

たとえば『企業文化のエンジニアリング』のような研究では，その関心がもっぱら DEC 社あるいはいくつか複数の会社に特有の企業文化のあり方や，それがそれぞれの企業の従業員にとって持つ意味を理解することにある，という場合もありうるだろう。そのような場合は，企業文化の強さ・弱さあるいは従業員の精神衛生の状態といった点について測るための尺度を作るようなことは特に視野に入れずに，むしろ，インタビュー記録や現場観察記録としてのフィールドノーツを克明に記録し，あるいは社内資料の丹念な読み取りを通して企業文化のあり方と従業員の主観的な意味世界を克明に描き出すことの方が重要になってくる[5]。

5 質的データとしての文字テキスト

文字テキストデータの重要性

本書で解説する定性データ分析の技法は，以上の両方の場合について適用できるものである。つまり，本書で紹介するさまざまなテクニックを使えば，一方では，定性データに含まれている情報のある部分を数値化できるようになるまで，リサーチクェスチョンやそれを構成する概念を掘り下げていくことができる。また，それらのテクニックを適用することによって，数値に還元することがほとんど意味を持たない情報についても，そこから一定のパターンや構造を見いだしていくことが可能になる。

そして本書では，4 ページにあげたさまざまなタイプの調査資料の中でも，とりわけ A のグループの資料，すなわち，文字テキストが中心となっている調査資料を定性データとして分析していく際の技法について解説していく。つまり，本書では質的データの中でも「**文字テキストデータ**（textual data）」に焦点を絞って，その分析技法について見ていくのである。

これはひとつには，社会調査ではそれら文書資料の分析が実際にき

わめて重要な役割を果たすことが多い，という理由による。事実，通常おこなわれる社会調査においてはインタビュー記録やフィールドノーツ，あるいはまた新聞や雑誌の記事，日記，伝記などが社会生活のあり方を理解する上で非常に重要な資料となる例がきわめて多い。

　本書で主に文字テキストの分析法を取り扱う2番目の理由は，4ページでBのグループに分類した，非言語的な情報が特に重要な意味を持つ調査資料を分析していく際にも，それらをいったん文字テキストに置き換えた上で分析していくことが非常に多いから，というものである。

　これについては，【例1】のフィールドノートが参考になるだろう。【例1】に見られるように，現場観察記録としてのフィールドノーツには非言語的な情報が盛り込まれることが多いのだが，それは，この例のような形で文字に置き換える操作を経てはじめて，詳細な分析を加えたり他の場面との比較検討が可能になっていくことが少なくない。また，ビデオテープやカメラで記録した現場の状況，あるいは人々の服装や動作などをはじめとする非言語的な情報についても，その中から一定のパターンを割り出していったり，それが現場の人々にとって持つ意味を読み取っていく際には，その非言語的な情報を何らかの形でいったん文字に「起こしていく」作業が非常に重要な意味を持っている。

文字テキストデータ分析のポイント

　ここであらためて【例1】および【例2】を眺めてみれば分かるように，質的データとしての文書資料の顕著な特徴のひとつは，それがあまり構造化されていない不定型な形態をとっている，という点にある。このような特徴を持つ文字テキストは，数値データに比べてみるとあまりにも頼りなげに見え，場合によっては，「データ」と呼ぶのさえ，ためらわれるかも知れない。

　実際，「データ」という時にわたしたちが普通イメージするのは，むしろ表1・1のような数値群であろう。このような表を見ると，一つひとつの数字がそれぞれ独立した情報の単位になっており，またそれを組み合わせることによって物事の本質を厳密かつ精確な形で浮きぼりにすることができるように思えてくる。実際，数値データに関し

ては，多くの分野で標準的な分析法が確立されている。したがって，数値データ自体がきちんとした手続きによって収集されたものであるならば，その標準的な手順にしたがって処理していけば，その解析結果はかなり信頼がおけるものになることが少なくない。

　これに対して，【例1】や【例2】のような文字テキストの場合は，どうであろうか。これらは，多くの場合数ページないし数十ページにもおよぶインタビュー記録やフィールドノーツから抜き出されたものであるが，これらの部分をひとまとまりの「意味の単位」として特にピックアップした際の判断の基準は，一体どのようなものであろうか。また，【例1】や【例2】のような文字テキストは，さらに細かい単位の意味のまとまりとして切り分けていくことはできないのだろうか。その場合のデータ分割の判断基準は，どのようにして設定したらいいのだろうか。

　調査資料を質的な文字テキストデータとして分析していくということは，とりもなおさず以上のような一連の問いについて慎重に検討を加えていく，ということに他ならない。第2章以下では，そのような分析をおこなう上での技法の基本的な発想と具体的な手順，そしてまた，文字テキストデータを電子化することによってより効率的で深い分析を可能にしていくツールの使い方について解説していく。これから本書で見ていくように，質的データは，基本的な方針を理解した上で一定の手順にしたがって処理していけば，場合によっては数値データ以上に，リサーチクェスチョンを構造化し，また社会生活が人々にとって持つ意味について明らかにしていく上で，きわめて重要な役割を果たすことが少なくないのである。

質的データ分析の基本原理
——紙媒体篇

1　紙のカードによる質的データ分析

　前章でみてきたように，インタビュー記録やフィールドノーツあるいは文書記録などのような質的データは，現場の状況や人々の思いについて共感的に理解し，また，リサーチクェスチョンを構造化していく上できわめて重要な役割を果たすものである。もっとも，このような文字テキストデータというのは，それを整理して何らかのパターンやテーマを浮きぼりにしようとする時には，しばしばきわめて厄介な問題を引き起こすことがある。

　というのも，これらのデータの場合には，きちんと整理された調査項目のリストが最初から用意されていることはほとんどないからである。たとえば1日分のフィールドノーツだけでも，実に種々雑多な情報が書き込まれている。現地の誰彼についての情報もあれば，特定のイベントに関する小説風の描写もあり，また，会社や学校あるいは病院などの組織について得た情報が書きこんである場合もあるだろう。実際，書いた本人ですら，どこに何を書いたのかよく思い出せない場合も多いし，あとで読み返して整理する時に途方にくれてしまうことも少なくない。

　このような問題に対する伝統的な解決法は，紙媒体のデータベースをカード形式で構築する，というものであった。そして，本書で解説していくQDAソフトを活用した質的データ分析の技法は，その，紙媒体による分析作業を電子的な情報処理プロセスに置き換えた上で，さらにそれを洗練させたものであると言える。

2　紙媒体のデータ分析の概要

　　紙媒体による質的データ分析のための作業は，基本的にノリとハサミと鉛筆を使っておこなう。
　　質的研究をおこなってきた人々は，その修業時代によく師匠や先輩から次のようなことを言われたものであった――「テープ起こしのノートや現場観察の記録は，同じものを3部作っておくように」。1冊は万一のために備えてとっておく保存用の原本であり，もう1冊は，常に手もとに置いて何回も読み返すためのコピーである。そして，3冊目が紙媒体のデータベースを作る上での原材料となる。つまり，原本からコピーした数百ページ（時にはそれ以上）の帳面をバラバラにしてしまい，さらにそれを記入項目ごとに糊とハサミで切り貼りしてカードにするのである。
　　この作業を通して，聞き取り記録やフィールド・ノートブックのような，雑多な項目を含む，出来事が実際に起きた順番や発言の順番どおりに文字化された記録は，項目別にまとめて整理することができるカードの束に加工されていく。たとえば，登場人物の誰彼に関する情報をまとめる時には，それに該当するカードだけを集めて整理すればいいわけであるし，特定の出来事やテーマについて何か書きたいと思ったらその記録が書いてあるカードだけをピックアップして読み直せばいいことになる。
　　さらに，カードの山を並べ替えたりするような作業を通して複数の項目見出し同士の関係について考えていけば，これから書こうとしている報告書の筋立てが少しずつ見えてくることもある。また，実際に報告書を執筆していく際には，そのようにしてカテゴリー別に整理したカードに書き込まれた内容を参照し，適宜引用しながらストーリーを組み立てていくことになる。

3　「セグメント化」から「ストーリー化」まで

　　この，文字テキストデータの特定部分の切り出しにはじまり，報告書の筋立ての構築をゴールとする，質的データ分析における一連の流

れは,「セグメント化」「データベース化」「ストーリー化」という3つの局面に分けて考えることができる。

セグメント化というのは,図2・1に示したように,オリジナルの文書資料から特定の部分を分析上の「部品(パーツ)」として切り出す(=セグメント化する)作業を指す。

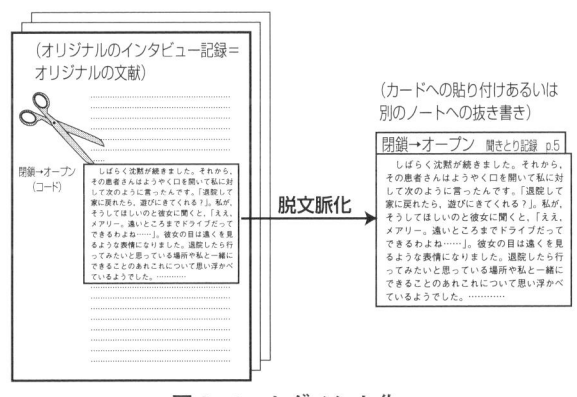

図2・1 セグメント化
(図2・1〜図2・3の原画は,すべて『質的データ分析法』(新曜社,2008)より)

上図のようにして,いったんカードの形式でバラバラにされた文字情報については,図2・2に示したような形で「似たもの集め」の要領でまとめて整理していくと,情報検索や情報抽出がかなりスムーズにできるようになる。これが,**データベース化**の手続きである。このような紙ベースのデータベースの構築に際しては,カード収納専用のボックスを使うこともあれば,ノートなどの用紙の上に同じテーマのセグメントを貼り付けていく場合もある。

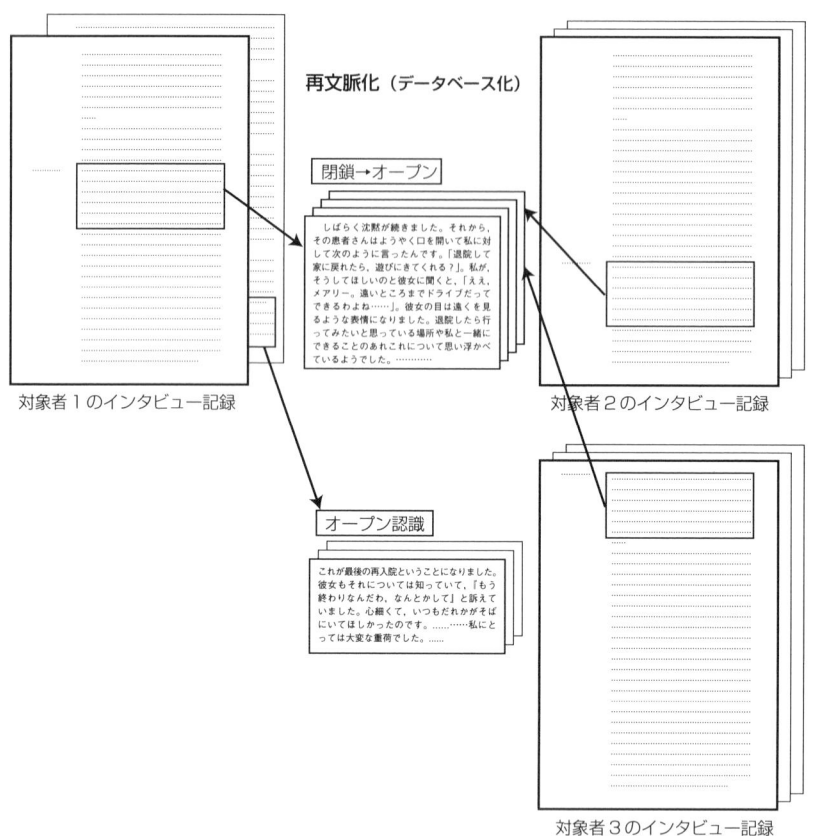

図2・2　データベース化

　データベース化が首尾よく終わったとしても，それは質的データ分析の全プロセスのなかでは，まだその前半部分が終わった段階という程度にすぎない。最終的に研究報告書を作成していく際には，それぞれの文書セグメントを元の文脈から切り離して部品(パーツ)として加工し，また一定の方針でデータベースの形に整理するというプロセスに続いて，それらの部品を報告書の文章という新しいストーリーの文脈のなかに組み込んでいかなければならない。この作業を，**ストーリー化**と呼ぶことができる。

　図2・3は，このストーリー化の概要を図解したものである。

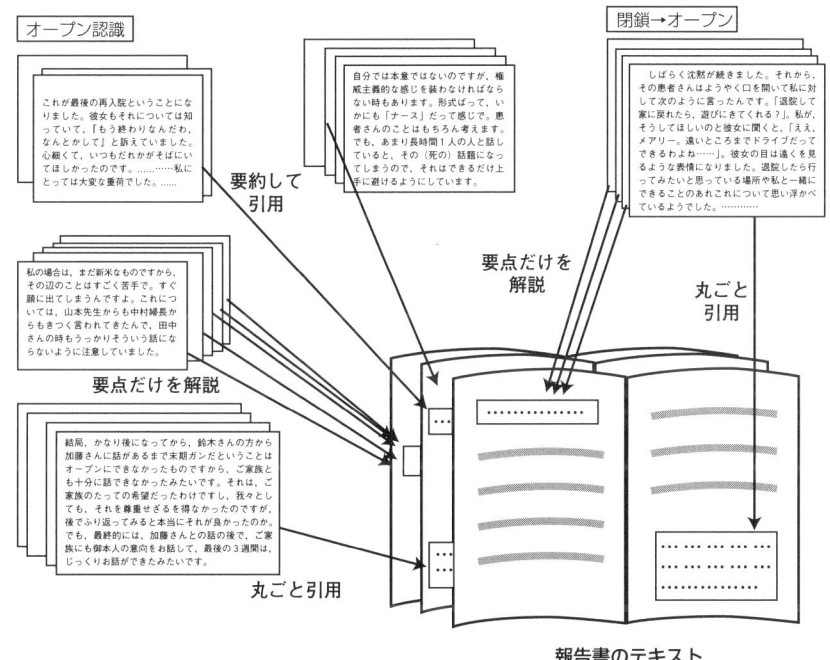

図2・3 ストーリー化

　言うまでもなく,ストーリー化の作業においては,すべての文書セグメントをそのまま丸ごと引用していくわけではない。むしろ,複数の文書セグメントから基本的な論点だけを要約して示したり,元のセグメントのごく一部だけを直接引用あるいは間接引用の形で使用したりすることの方が多い。

4 脱文脈化と再文脈化

　上にあげた脱文脈化からストーリー化までの一連の作業は,基本的に,次にあげる脱文脈化と再文脈化という2つの原理を組み合わせたものとして考えることができる[1]。

　脱文脈化——資料のある部分をそれが埋め込まれていた元の文脈から切り離す(セグメント化する)

再文脈化（再編集）――元の資料から抜き出した複数のデータを新しい文脈に組み直して検索や情報抽出を容易にする

　この2つの手続きの関係については，たとえば，ある企業のケーススタディのために，その企業に関するいくつかの新聞や雑誌の記事をスクラップブックに貼り付けていく作業をおこなう場合を思い浮かべてみれば分かりやすい。
　スクラップブックを作る作業は，まず目的の記事を，ハサミを使ってジョキジョキと，特定の新聞社ないし雑誌社から発行された特定の日付の新聞や雑誌という既存の文脈から切り離すことから始まる。これが，スクラップブック作成における**脱文脈化**の手続きである。これに対して**再文脈化**は，その記事を，同じようなトピックについて取り上げている他の記事と一緒にスクラップブックのページに貼り付けていく手続きに該当する。言うまでもなく，この作業をおこなう際には，それぞれの記事の切り抜きの近くには，媒体名（新聞，雑誌名）やその発行年月日，およびページ番号などの基本的な出典情報を付記しておく必要がある。
　スクラップブックという言葉には，ある種の編集作業を通じて文字通り1冊の本を構成する，という意味合いが含まれている。実際，以上のような作業を通じて，もともとさまざまな種類の新聞や雑誌という文脈に組み込まれていた記事は，スクラップブックという特定の関心に沿った文脈の中に**再編集**されていくことになる。
　言うまでもなく，スクラップブックをつくる作業はそれ自体が目的というわけではなく，あくまでも，特定の企業に関するケースレポートの執筆という最終的な目標のための手段であるにすぎない。したがって，一定の方針にもとづいてスクラップブックに綴り込まれた記事の内容は，さらに取捨選択のプロセスを経て，今度は，事例報告書という文脈の中に再編集されて組み込まれていくことになる。

5　2段階の再文脈化

　こうしてみると，先にあげたデータベース化とストーリー化という2つの手順は，両方とも，脱文脈化の後にくる再文脈化のための作業

としての性格を持つものだということが分かる。つまり，セグメント化，データベース化，ストーリー化という3つの作業は，以下のような関係にあると考えることができるのである。

セグメント化：オリジナルの文脈から情報を切り離してパーツ化するための手順 ｝脱文脈化
データベース化：情報の検索と抽出を容易にするための手順 ｝
ストーリー化：ストーリーラインを構築するための手順 ｝再文脈化

上にあげた2つのタイプの再文脈化の性格は，明らかにかなり異なるものである。

一方のデータベース化は，いったん，インタビュー記録やフィールドノーツなどのオリジナルの文脈から切り離しておいた文字テキスト情報の検索と抽出を容易にするための手順である。これに対して，**ストーリー化**は，そうやって，データベース化された情報を取捨選択して，報告書という新たなストーリーラインに組み込んでいくための手順であると言える。

6 質的データ分析における分類と配列

データベース化とストーリー化という2つのタイプの再文脈化の手順のあいだには，その基本的な性格という点だけでなく，情報処理の2大原則である「分類」と「配列」の相対的な重要性という点についても，大きな違いが存在する。

分類の原理と配列の原理

分類というのは，「似たもの集め」の要領で，資料やデータをいくつかのグループにまとめていく作業を指す。企業関連の記事をまとめたスクラップブックの場合で言えば，新聞や雑誌に掲載されたさまざまな記事の中から，同じ企業やテーマあるいはトピックを扱った一群の記事を集める作業がこれにあたる。

これに対して，**配列**というのは，資料やデータを何らかの機械的な

基準にしたがって順序よく並べていくことを指す。スクラップブックの例で言えば，1冊のスクラップブックの中の記事を，その日付の順番で綴じ込んでいく作業などがこれに該当する。また，複数の企業を対象とする場合には，何冊ものスクラップブックを会社名の50音順に並べると検索が楽になるが，この50音順というのも配列の典型的な例である。

　もちろん，場合によっては，社名の50音順という配列原理ではなく，むしろたとえば業種別という分類原理を採用してスクラップブックを順番に並べておいた方が情報の検索と抽出が楽におこなえることもある。また，対象となる企業がかなりの数にのぼる場合には，第一段階のグルーピングの基準としては業種を採用した上で，その同業種という大まかなくくりの中では社名の50音順に並べることも考えられる。さらに，業種名についても50音順に並べることもできるだろう。

　要するに，資料の再文脈化において分類と配列どちらの原理を採用し，また両方の原理をどのような形で組み合わせるべきかは，質的データ分析における作業の性格や目的によるのである。実際，後で見るように，QDAソフトにおいても，この分類と配列の原理がさまざまな局面で組み合わされて適用されている[2]。

配列原理の汎用性とデータベース化

　一般に，配列に比べて分類の原理は，整理した後の新しい文脈に対する依存度が高く，したがってまた整理した後のデータベースの汎用性は低くなりがちである。事実，主として分類原理を採用する場合には，どのような基準で資料やデータを分類するかについては，その作業をおこなう人が持つ独特の問題関心という文脈に左右されがちである。したがって，他の人々にとっては，検索がきわめて困難になることも少なくない。

　この点に関しては，たとえば，特定の本を見つけようとする時に，それが自分の本棚に置いてある時には比較的容易に見つけられるのに対して，同じ本を他人の本棚で探そうとする場合にはきわめて困難である，という例を思い浮かべれば理解できるだろう。もっとも，たとえ自分自身の本棚であっても，本の数がある程度以上を越えたり，整

理のための分類基準をいったん設定してからかなりの時間が経っていたりすると，目的の本を探し出すのがきわめて困難になってしまうことが少なくない。

これに対して，図書館や書店においては，通常，利用者や来店者の検索を容易にするために書籍の分類や配列に関してさまざまな工夫がなされており，ある程度のコツさえのみこめば比較的容易に目的の本を探し出すことができる。その典型的な方法は，書籍が扱う内容や刊行ジャンル（文芸，哲学，歴史，自然科学等）あるいは刊行形態（新書，文庫，単行本等）を基準にして分類した上で，それぞれのジャンルの内部では著者名の50音順ないしアルファベット順に配列する，というものである（書店の場合には，これに加えて出版社別に陳列がおこなわれていることも多い。）

もっとも，図書館や書店の場合であっても，必ずしもすべての場合について共通の収蔵ないし陳列の基準が適用されているわけではない。実際，初めて訪れる書店や図書館で本を探すのにかなり苦労した人も多いことだろう。これはとりもなおさず，分類に関してはどうしても「クセ」や個人差のようなものが出てしまうからに他ならない[3]。その意味では，分類よりも配列の方がはるかに汎用性が高いのだとも言える。実際，たとえば，出版社や本の刊行形態あるいはサイズなどを一切無視して，書名ないし著者名だけを唯一の基準にして本を並べてしまえば，比較的容易に目的の本を探し出すこともできるだろう。

ストーリー化における分類原理の重要性

もっとも，どちらかと言えば分類よりは配列原理を優先すべきなのは，あくまでも情報の検索・抽出を主眼とするファイリングなどの際の再文脈化の場合である。文字テキストからなる質的データを活用して何らかの社会現象を分析し，その分析結果にもとづいて調査報告書を作成していく段階では，むしろ調査者のセンスを生かし，また独自の理論的視点にもとづいて，どれだけ独特の文脈（ストーリーライン）を構成していけるか，という点が勝負どころになる例が少なくない。

つまり，調査報告書を執筆していく際には，いったん元の文脈から切り離してバラバラにして整理した一つひとつの資料という部品（パーツ）を新しい文脈に組み込んでいかなければならないのである。その点からす

れば，ストーリー化の作業においては，配列の原理よりは，分類の原理の方が重要になることが圧倒的に多い。

7 質的データ分析と文脈情報

解体と再構築

　それぞれ上でみたような性格をもつ配列と分類の原理が適用される，一連のデータ分析のプロセスは，さまざまな色や太さの毛糸が含まれている何枚かのセーターをほどいて，全く違う柄のセーターを「編み上げて（編集して）」いくプロセスに喩えることができるかも知れない。そのような作業をおこなう場合には，ほどいた毛糸をあらかじめ色や太さによって整然と分類し配列しておけば——つまり，データベース化しておけば——，その後の仕事が格段にはかどるだろう。

　同じようなことは，何体かのレゴブロックの模型を解体して，新たに１体の模型を組み立てる作業についても言える。この場合も，バラしたブロック片については，同じような形や大きさや色によってグループ分けし，また大きさや色の濃度などの順番で配列しておけば，新しい模型を作る際の作業が効率的におこなえるだろう。

　そして言うまでもなく，新しく編み上げられたり組み立てられていくセーターや模型の出来映えに関しては，作者の個性やセンスが重要なポイントになってくる。

「翻訳」としての質的データ分析

　もっとも，セーターを編む場合や模型の組み立てと調査報告書の編集作業とのあいだには，ひとつ大きな違いがある。セーターやレゴブロックの模型の場合には，元のセーターや模型がどのようなものであったかという点に関しては，あまり関心を払わなくても済むことが多い。これに対して，質的研究の報告書の場合には，オリジナルの文脈を保存することそれ自体に重要な意味がある場合が少なくないのである。実際，ファイリングの作業を通して切り抜いた資料が持つ意味は，何度となくオリジナルの文脈に立ち返ることによってこそ明らかになることが少なくない[4]。

　その点から言えば，質的データ分析のプロセスは，セーターづくり

や模型の組み立てというよりは，むしろ翻訳の作業に似ているのだと言える。実際，フィールドワークはしばしば「文化の翻訳」であるとされる。言うまでもなく，翻訳をしていく場合には，単語レベルでの単純な置き換えをおこなうだけでは決して十分ではない。また，辞書，すなわちオリジナルの言語に含まれる言葉を単語レベルで分類したり配列した上で訳語と対応させた書籍は，ひとつの手がかりを提供するに過ぎない。原文に忠実であり，しかも分かりやすい文章として読めるように翻訳していくためには，その一方で，何度となく個々の言葉の用法やオリジナルの文脈における位置づけを参照しながら作業を進めていかなければならないのである。

　要するに，質的データ分析に際しては，単にオリジナルの資料を切り刻んで検索や抽出が容易になるような工夫をほどこしておくだけでは十分ではないのである。その一方で，何度となく元の文脈に戻って意味を確認しながら，同時にこれから調査報告書において展開していく新しいストーリーの文脈を構築していく必要があるのである。

8　カード方式（紙媒体）におけるセグメント化とデータベース化

　インタビュー記録やフィールドノーツあるいは文書記録など質的データの分析に関して，以上の，セグメント化とデータベース化という，相互に矛盾するような2つの要請にこたえるためにこれまで伝統的に採用されてきたのは，紙のカードによるデータ処理法である。

　この章で最初に述べたようにフィールドノーツやインタビュー記録の場合で言えば，カード方式の要点は，その帳面の原本をコピーした上で，その数百ページ（時にはそれ以上）におよぶコピーの束をバラバラにしてしまい，さらにそれを記入項目ごとに糊とハサミで切り貼りしてカード化していくところにある。この作業によって，現場で起きたさまざまな出来事が日付順に書き込まれたフィールドノーツ用の帳面や，インタビューにおける発言をテープ起こしした記録のバインダーは，項目別にまとめて整理することができるカードの束になっていく。

　新聞や雑誌等の記事についても，同じようにしてカードの形に加工しておけば，スクラップブックに貼り付ける場合よりもさらに機動的

に紙媒体のデータベースとして運用することができる。

　ここで注意しておかなければならないのは，それぞれのカードには，その記事や記録の内容そのものだけでなく，出典情報の記載や大まかな索引用コードを一種の目印として書き込んでおく必要がある，という点である。**出典情報**というのは，たとえば記事の場合だったら媒体名と日付やページ番号であり，インタビュー記録の場合は，その原本の帳面のページ番号や段落番号だったりする。この出典情報があることによって，いつでもカードに転写された情報が埋め込まれていたオリジナルの文脈に立ち返って検討することができるようになる。一方，**索引用コード**というのは，カードに含まれている情報のさまざまな要素を示す一種のラベルやキーワードのことである。たとえば，企業に関する記事であったならば，その企業名や部署名あるいは人名，扱われている記事の内容を示すキーワードなどがこれにあたる。

　最近の新聞記事（日本経済新聞）を例にとって，この出典情報と索引用コードを書き込んだカードのイメージを示すと，次ページのようなものになる。

　このような形でカード化しておくと，新聞記事は，その中に含まれる情報を分析していく上で，スクラップブックの場合に比べてはるかに操作が楽になる。というのも，スクラップブックの場合には，一度あるページに貼り付けてしまうと，その冊子形態という「モノの文脈」に制約されてしまい，並べ替えたりグループ分けをし直すことがきわめて難しくなってしまうからである。

　それに対して，カード方式は，はるかに汎用性が高い。実際，次ページに示したカードは，ある場合には，日産自動車のケーススタディの資料として使うこともできれば，別の場合には，ボルボやGMの事例研究の関連資料として使うこともできるだろう。あるいはまた，このカードは，日本ないし世界における自動車業界全体の動向を把握するための資料として使うこともできる。

　つまり，カード方式は，スクラップブックなどの場合に比べて質的データの脱文脈化とデータベース化という点において，はるかに優れた方法だと言えるのである。

【カード例1】

出典	媒体	日経　日付 2006/3/21　第1面
索引用コード	業種	製造　自動車　トラック
	企業名	日産自　日産ディ　ボルボ　GM
	人名	カルロス・ゴーン（社長）
	分析項目	業界再編　株売却　M&A　日一欧

日産自動車，日産ディ株売却へ・ボルボ，筆頭株主に・自動車再編が加速

　日産自動車は二十日，保有する日産ディーゼル工業の株式を，スウェーデンのトラック大手ボルボに売却する方針を固めた。日産は日産ディ株の約一九％を保有する筆頭株主だが，業績変動の大きいトラック事業をグループ内に抱える利点が薄れたと判断した。ボルボはトラック国内四位の日産ディの筆頭株主になり，日本のトラック市場に本格進出する。世界の自動車業界ではゼネラル・モーターズ（GM）もスズキ株を売却しており，一時後退していた世界再編ムードが再び高まってきた。

　日産のカルロス・ゴーン社長が二十一日に都内で会見し，日産ディ株売却を発表する。日産は日産ディ株の一部を引き続き保有する可能性がある。日産ディの株式時価総額は約二千六百億円。

9　カード方式におけるストーリー化の手順

　ここで注目したいのは，索引用コードの**分析項目**の欄に並べられているいくつかの言葉である。ここに並んでいる，「業界再編」や「M&A」というのは，他の索引用コードの項目に比べてやや抽象度の高い概念的な用語である。索引用コードの他の部分にある，業種や企業名，人名などについてはほぼ自動的にコーディングが可能である。その点においては，分析をおこなう者の個性やセンスが発揮される余地はきわめて少ない。多くの場合，単純作業専門の要員として雇った調査補助員に任せてしまってもかまわない部分であるとさえ言える。

　それに対して，この分析項目の欄にどのような言葉や概念を選んで入れていくかは，分析者によって大きく異なり，まさに分析者自身がどのような問題関心を持っているかという点に左右される部分が大きい。また，この分析項目自体，あらかじめ設定された既存の項目を機

械的に当てはめていくというよりは，データを分析していく中で新たに設定されていくことが少なくない。たとえば，この日本経済新聞の記事あるいは別の新聞ないし雑誌に掲載された日産に関する記事を検討していく中で「企業トップのリーダーシップが業界再編という問題と密接な関連を持っている」という事実が浮かんできた場合には，新たに〈リーダーシップ〉というコンセプトを分析項目の欄に付け加えたくなるだろう。

　さらに，このアイディアにもとづいて，下に示した【カード例2】のような，自動車業界の提携関係の再編に関する記事や他業界における業界再編に関する記事のカードを何枚か集めて読みくらべていく中で，「企業レベルのリーダーシップ」そしてまた「業界レベルのリーダーシップ」などが有力なコンセプトとして浮かんでくる場合もあるだろう。その場合には，このカードだけでなく，それら他業界の再編に関する記事のカードにも，たとえば〈リーダーシップ（企業レベル）〉〈「リーダーシップ（業界レベル）〉というような項目を追加してもいいだろう。

【カード例2】

出典	媒体	日経	日付	2006/3/05	第1面
索引用コード	業種	製造　自動車
	企業名	スズキ　GM　大宇
	人名	鈴木修（会長）
	分析項目	業界再編　株売却　再建　日―米　リーダーシップ

GM，スズキの全株売却，資産リストラ加速――2700億円，資本提携解消へ

　米ゼネラル・モーターズ（GM）は四日，筆頭株主として二〇％出資するスズキの持ち株全株を売却する方針を固めた。スズキもGMグループの韓国GM大宇自動車技術の保有株を手放す方向で調整しており，GMとスズキは一九八一年以来の資本提携関係を解消する。深刻な経営不振が続くGMは昨年十月に富士重工業株も売却しており，資産売却を加速して主力の北米事業の再建に注力する。残るいすゞ自動車の持ち株も売却する可能性がある。

このようにして，カード化された情報を，索引用コードの中でも抽象度の高い分析項目を手がかりにして「似たもの集め」の要領でグループ分けしてみたり，あるいは，一度分類したカードをトランプのようにシャッフルして別の視点から並べ替えてみたりする中で，報告書のストーリーラインが資料そのものの中からボトムアップ的に浮かんでくることは珍しくない。これは，とりも直さず，いわゆるKJ法や「知的生産の技術」などに関する文献で強調されてきたポイントでもある。実際，これらの情報整理法は，オリジナルの文脈に埋め込まれたままの状態にある限りは，どうしてもその文脈が持つ制約にとらわれてしまいがちな情報をカードの形に加工することで自由にしてやり，かつ一方では，検索と抽出を容易にすることによって，再編集の作業を促進するための工夫であると言える。

　こうしてみると，カード方式はスクラップブックを使う場合などと比べて，脱文脈化という点において格段に優れているだけでなく，ストーリー化，すなわち，新しいストーリーラインの構築という点においても優れたやり方であることが分かる。

10　カード方式の問題点

　以上のように，カード方式による定性データ分析にはさまざまな面で大きな利点があるが，他方で，このカード形式で構築される紙媒体のデータベースには，少なくとも次にあげる5つの問題がある。

① データベース構築上の手間と時間
② 収納スペースと管理上の効率
③ 情報検索・抽出のスピード
④ 情報媒体のサイズの柔軟性
⑤ オリジナルの文脈との対応

　まず第一にあげられる難点は，紙製のカードの場合，データベースを構築する際に膨大な手間と時間がかかりがちだという点である。実際，新聞や雑誌の記事にしろあるいはフィールドノーツや聞き取り記録にしろ，それをコピーしたり，ハサミと糊を使ってカード上に切り

貼りする作業には，相当の手間がかかる。

　また，データがある一定量を越えると，カードの収納スペースや管理といった点でも大きな問題が生じてくる。特に，上の例で見たように，定性データを，複数の索引用コード，その中でも特に複数の分析項目を組み合わせることによって多様な角度から検討していきたい場合には，この収納スペースと管理の問題は深刻なものになってくる。というのも，これまで見てきた例で言えば，下の図2・4に示すように，企業レベルのリーダーシップと業界レベルのリーダーシップに関連するカードの束，あるいは個々の企業についてのカードの束など，対応する分析項目ごとに異なるカードの束（カードデック）を作る必要が出てくるからである。（これについては，かつて多くの図書館で使われていた所蔵資料用の索引カードの例を思い浮かべてみれば分かりやすいだろう。索引カードは書名，ジャンル，著者名など複数の基準で整理されていたため，かなり大きな収納スペースが必要とされた。）

　このような媒体管理上の問題点は，必要な情報を含むカードを探し出す際の手間やスピードに関わる問題とも密接な関連を持っている。カード式データベースは，本来「生データの山」の混沌を整理することによって，情報検索と情報抽出を容易にするために構築したはずのものである。しかし，分析が次第に高度で込み入ったものになっていくにつれて，今度はそれ自体が「カードの山」と化してしまい，検索と抽出のスピードを鈍らせてしまうのである。

　さらに，カード方式は，定型サイズの制約という点でも問題がある。いわゆる「京大型カード」などと呼ばれるB6サイズのカードに情報

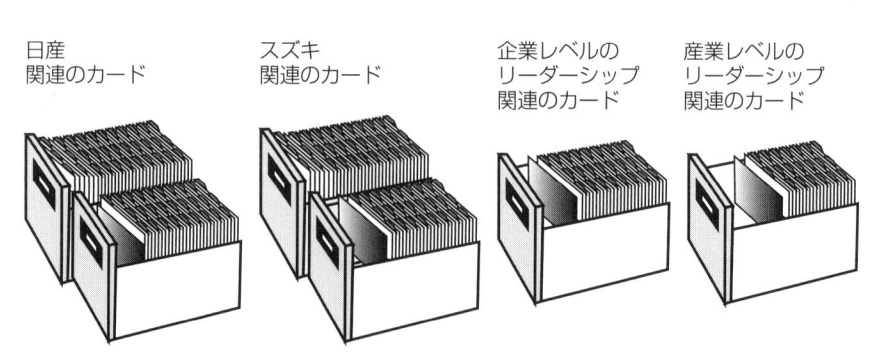

| 日産 関連のカード | スズキ 関連のカード | 企業レベルの リーダーシップ 関連のカード | 産業レベルの リーダーシップ 関連のカード |

図2・4　膨大なカードの束（カードデック）

を転写する作業が持つ本来の目的のひとつは，定型サイズに加工することで情報の並べ替えやシャッフルなどの操作を容易にすることにある。しかし，これは他方では，本来その大きさには納まりきらないはずの情報を一定サイズの紙の中に無理に押し込むことにもなりかねない。実際，B6サイズでは，たとえば少し長めの記事を引用したい時には複数枚のカードを使用しなければならないことも多いが，この場合は，シャッフルしたり分類したりする際の取り回しが厄介になりがちである。

　最後に，カード方式では，そのカードに盛り込んだ情報について，それが埋め込まれていたオリジナルの資料の文脈を参照しながら分析していく際にも時間と手間がかかる。カード上には出典情報を記載するのが基本であるが，その情報を元にしてオリジナルの資料を参照したいと思った時には，いちいち原資料のある場所（書庫，資料室，本棚等）に戻って作業をしなければならないのである。

　このようなさまざまな問題を含んでいることもあり，かつて一世を風靡した感のあるカード方式の情報処理システムは，実際には，それを継続して実行している人はそれほど存在しないのではないか，とも言われている[5]。事実，カード方式は，まだ資料がそれほど蓄積されていない段階で初期の仮説を作る際や，短期間に完結する小規模の調査プロジェクトにとってはきわめて有効である場合も多いが，資料がかなりの量および，またプロジェクトの規模が拡大していった段階ではさまざまな問題を引き起こしていく可能性が高い。さらに，索引用コードや分析項目は，特定のプロジェクトに沿ったものが作られるために，一度作ったカードの束を，他の調査目的に転用することが難しく，場合によっては，そのカードシステムを構築した当の本人が再利用する際にも困難をおぼえることすら少なくない。

　実際には，このような，紙媒体のデータベースにまつわるさまざまな問題は，現在社会のさまざまな分野で進行している情報の電子化によって大幅に解決されていくことになった。これが，第3章のメインテーマである。

第3章 質的データ分析の基本原理
——電子媒体篇

1 情報の電子化と検索ツールの効用

　前章で指摘した，カード方式による質的データ分析に特有の難点の多くは，**紙というモノが持つ物理的制約**に由来するものである。実際，カード化によってオリジナルの資料からの脱文脈化がいかに容易になったとしても，カードに貼り付けられた情報は，未だに紙でできたカードという入れ物ないし乗り物（メディア）の文脈の中に閉じ込められてしまっている。したがって，モノとしての紙が持つ独特の文脈性による制約を越えて，情報それ自体を自由自在に見つけ出し，また取り出していくのは，至難のわざとなる。

　この紙ベースの情報メディアの制約を超克することを目的のひとつとして進められてきたのが各種資料の電子化であり，またそれと並行して開発されてきたのが，さまざまな種類の検索ツールである。各種の記事検索サービスあるいはグーグルやヤフーなどが提供するウェブ検索サービスの普及もあって今ではすでにほぼ常識のようになっているが，現在では電子化されている情報については，さまざまな角度からきわめて柔軟なやり方で情報の検索と抽出をおこなうことができるようになっている。（第5章以下で解説していくQDAソフトウェアの根底にも，このような，電子化された文字情報の利点を最大限に生かそうという発想がある。）

　特に，さまざまなソフトウェアやウェブ上のサービスという形で提供されている，いわゆる「全文検索エンジン」などと呼ばれる検索用ツールのおかげで，今では，電子化された資料の文章全体を対象にして単語ないし文字列単位で情報検索と情報抽出ができるようにもなっ

ている。第2章であげた【カード例1】や【カード例2】の例で言えば、記事検索サービスを使えば、わざわざ手間をかけて索引用コードを作っておかなくても、たとえば、「ゴーン」と「日産ディ」という言葉を指定することによって、数秒でこれらの記事をピンポイント式に探し出すこともできるようになっている。こうしてみると、資料の電子化と検索エンジンの発達は、質的データのほぼ完全な脱文脈化、そしてまたきわめて効率的な**データベース化**を可能にしたのだ、と言えそうである。さらにある意味では、文書データ処理におけるIT化の進展は、紙のカードの場合には必要不可欠であった索引用コードをほとんど無用のものにしたとさえ言えるかも知れない。

　ある著名な元編集者の喩えを借りて言えば、情報の電子化は、それまで紙という、きわめて融通がきかない四角い氷のようなものの中に閉じ込められていた文字テキスト情報を、「電子のお湯をぶっかけ」ることによって自由にしてやり、不定形の水のようなものに変えていったのだと言える[1]。

2　電子化とストーリー化

再編集におけるビジョンの重要性

　もっとも、これまで繰り返し述べてきたことからも明らかなように、質的データ分析および調査報告書の作成プロセスにとって、脱文脈化および情報の検索と抽出（データベース化）という作業は、その前半部分に過ぎない。言うまでもなく、質的データ分析をおこなう者にとっての腕の見せどころは、そのようにして検索して抽出した無数の情報の断片をいかにして組み合わせて洞察に富むストーリーとして組み立てていけるか、という点にある。つまり、**ストーリー化**ないし情報の**再編集**における腕前とセンスの冴えが求められるのである。

　第2章であげたレゴ模型の喩えを使って言えば、情報の電子化や検索ツールの発達によって効率化できたのは、既存の模型の中から特定の属性（色、形、大きさ等）を持つレゴブロックのパーツを見つけ出すまでの作業手順に過ぎない。それらのパーツを使って、どれだけ独創性のある見事な模型が作れるかは、言うまでもなく、模型を作る者がどれだけ優れたビジョンや美的センスを持ち、また一つひとつのレ

ゴブロックの特性をどれだけ深く理解しているか，という点にかかっているのである。

同じように，質的データの分析についても，検索ツールによって特定の資料を探し当てることができた次の段階においては，「それらの資料を，全体としてまとまりを持つストーリーの一部を成すパーツとして活用していくことができるか」というポイントが非常に重要になってくる。

「部品(パーツ)」作成のためのセンス

ここで注意しておかなければならないのは，ブロック片の場合とは違って，文字テキストからなる質的データの場合には，検索ツールによって特定の文書（ドキュメント）がヒットされたとしても，それは必ずしもあらかじめ明確なまとまりを持つ「部品(パーツ)」を構成しているわけではない，という点である。全文検索エンジンは，ある特徴を持つ単語や文字列を手がかりとして特定の文書をピックアップすることができるだけである。その文書の中から，いくつかの箇所を調査報告書のストーリーを作成するための部品として切り出していく作業は，当然のことながら，検索エンジンを道具として使う人間自身が独自の判断力とセンスを駆使しておこなうべき事柄なのである。

実際，【カード例1】と【カード例2】に示したのは，それぞれ「ゴーン」と「日産ディ」，「スズキ」と「GM」という文字列を手がかりにして検索した際にヒットした，2つの記事のごく一部に過ぎない。実際には，2つの記事は，文字数にしてそれぞれのカードに切り取られた量の2倍以上および4倍近くの分量がある。紙のカードの場合にせよ，あるいは同様の電子的なデータベースの場合にせよ，その記事全体を転写してしまったとしたら，その後の作業，すなわち，この記事と関連の深い内容を含む他の多数の記事と比較し，その中から共通テーマを抽出したり，報告書全体としてのストーリーを組み立てていくという作業にとっては，非常に都合の悪いことになる。かと言って，逆にたとえば，「日産自動車，日産ディ株売却・ボルボ，筆頭株主に・自動車再編が加速」あるいは「GM，スズキの全株売却・資産リストラ加速──2700億円・資本提携解消へ」という見出し部分だけを取り出したとしても，今度は逆に情報が少なすぎて，十分な分析が

できないかも知れない。これらの記事のうちそれぞれどの部分を切り抜けばよいか，という点に関しては，絶対的に正しい唯一の正解があるわけではない。それは，むしろ，わたしたち自身が持っている調査目的や理論的視点，あるいは問題関心によるところが大きいのである。

　つまり，何らかの問題関心を持って「ゴーン」と「日産ディ」あるいは「スズキ」と「GM」という単語を含む記事を探し出した後のステップとしては，それらの文字列が埋め込まれている記事の文書全体の中から特定部分を，「意味のまとまり」や「その後の作業にとっての扱いやすさ」という観点に立ってくくり出し，切り抜いていく作業にとりかからなければならないのである。さらに，そうやって切り抜いた部分を，最終的に出来上がる報告書のストーリーラインを想定しながら，実際にパーツとして利用できるような適切なユニット——これについては後で「セグメント」と呼ぶ——に仕立て上げていかなければならない。（また，記事の特定部分を切り出すというよりは，記事全体の文章を自分なりに要約した方がいい場合もある。これについては，第8章のコラム参照。）

3　索引用コードによるストーリーラインの構築

目印としての索引用コード

　【カード例1】に書き込まれたいくつかの索引用コード，とりわけ本書で「分析項目」と名づけた索引用コードこそは，その報告書で展開される物語の中における複数のパーツ同士の関連を明らかにし，また一つひとつの部品がストーリー全体の中で占めるべき位置を明確なものにしていく上で，きわめて重要な手がかりとなるものである。

　本などにつけられる索引，つまり人名索引や事項索引の場合も，その本の中で一貫したストーリーが展開されているからこそ，特定の人物や事柄について言及されている部分を探し出す上での手がかりとして役立つのである。もっとも，本の場合には，通常，そのストーリーがすでにほぼ完全なものとして出来上がってしまった後の段階で索引を作っていく。これに対して，質的データ分析の場合には，むしろ逆に，索引用コードをそれぞれのカードに割り当て，また複数のコード同士の関係を試行錯誤的に割り出していく中で，最終的に出来上がる

調査報告書のストーリーそのものを創り上げていくことの方が多い。

　最終的に出来上がる調査報告書を一篇の小説に喩えるならば，新聞や雑誌の記事，フィールドノーツ，あるいはインタビュー記録などの文書資料は，その小説の登場人物やシーンあるいはテーマの断片があまり統一性もないままに散りばめられている素材の山に過ぎない。小説家が，それらの素材の山からひとつのまとまった筋立ての小説を仕上げていくように，わたしたちは，新聞や雑誌の記事あるいはフィールドノーツや聞き取り記録の断片を，一貫した筋立てやテーマに沿って並べ替え，加工し，編集していくことによって１冊の調査報告書へと仕立て上げていかなければならない。

　そして，紙のカードの場合にせよ，電子的データベースを活用する際にせよ，索引用コードというのは，そのようにして素材となるパーツを整理し組み合わせていく中で徐々に浮かんでくる物語のプロットの主要な構成要素と，そのプロット全体の中での個々の素材の位置づけを示す，キーワードないし目印にあたるのだと言えよう。

　つまり索引用コードは，質的データを分析していく作業において，単に情報の検索と抽出という目的だけではなく，ストーリー自体を創り上げていくためにも，重要な手がかりを提供しているのである。そして，さまざまな索引用コードの中でも，分析項目は，そのプロットやストーリーの構築という点でとりわけ重要な役割を果たすことになる。

カード方式と QDA ソフトウェア

　以上を要するに，紙のカードによる質的データ処理には，以下にあげる３つの手続きがそのエッセンスとして含まれているのだと言える[2]。

① 意味的にまとまりのある特定部分のくくり出しと切り抜き
② 索引用コード付与による情報の検索と抽出
③ 索引用コード（特に分析項目）付与およびコード同士の関係の割り出しによる報告書全体のストーリーの構成

　実際，QDA ソフトウェアは，その発想の根底において，このよう

な紙媒体方式の情報処理における一連の手続きをモデルにしている部分が少なくない。したがって，初学者の場合には，いきなり QDA ソフトを用いて質的データを分析していくのではなく，むしろ最初に紙媒体方式のデータ処理における一連の作業を体験しておいた方が，基本的な発想を理解するという意味でも，また電子化の利点とその限界について認識しておくという意味でも有効な場合が少なくない。さらに，紙のカードによるデータ処理のエッセンスについて理解しておくことは，現時点ではまだ電子化されていない文書データを処理していく上でも重要なトレーニングになるだろう。また，小規模な調査プロジェクトの場合や，まだ電子化されていない手書きの資料が大量にある場合などには，それを入力して電子化する手間やコストを考えれば，むしろ昔ながらのカード方式を採用する方が現実的な場合も多い。

4　QDA ソフトウェアの基本的構成

電子化の利点

　以上では，主に情報検索と情報抽出の容易さというポイント，つまり 29 ページにあげた，紙のカードが持つ 5 つの問題点のうち 3 つ目のポイントを中心にして文書情報の電子化が持つ利点について解説した。言うまでもなく，他の 4 つの点でも，電子化された文書情報には大きな利点がある。

　たとえば，紙のカードの場合には，文字テキストの特定部分を切り抜いてカードに貼り付けるという作業は，ハサミと糊を使ったきわめて手間のかかる作業になることが多いが，電子的なテキスト処理の場合には，現在では多くのソフトウェアが当然のように持っている「カット＆ペースト」ないし「コピー＆ペースト」機能を使えば，きわめて簡単に同様の作業ができる。

　また，収納スペースという点でも，かつては何本もの書棚を必要としていた情報を，手のひらにのる程度のハードディスク・ドライブや CD あるいは DVD などの記憶媒体に納めることができる。

　さらに，カードの場合だと，オリジナルの文書に戻って再検討したい場合には非常に手間がかかるのに対して，QDA ソフトのようなコンピュータ・プログラムの中には，適切な形で出典情報を書き込んで

文書データをいくつかのグループに分けて管理する　　コードをつけていくための欄　　　個々の文書を表示して編集したり、コードをつけていく（画面では、特定のコードをつけた部分が反転表示されている）

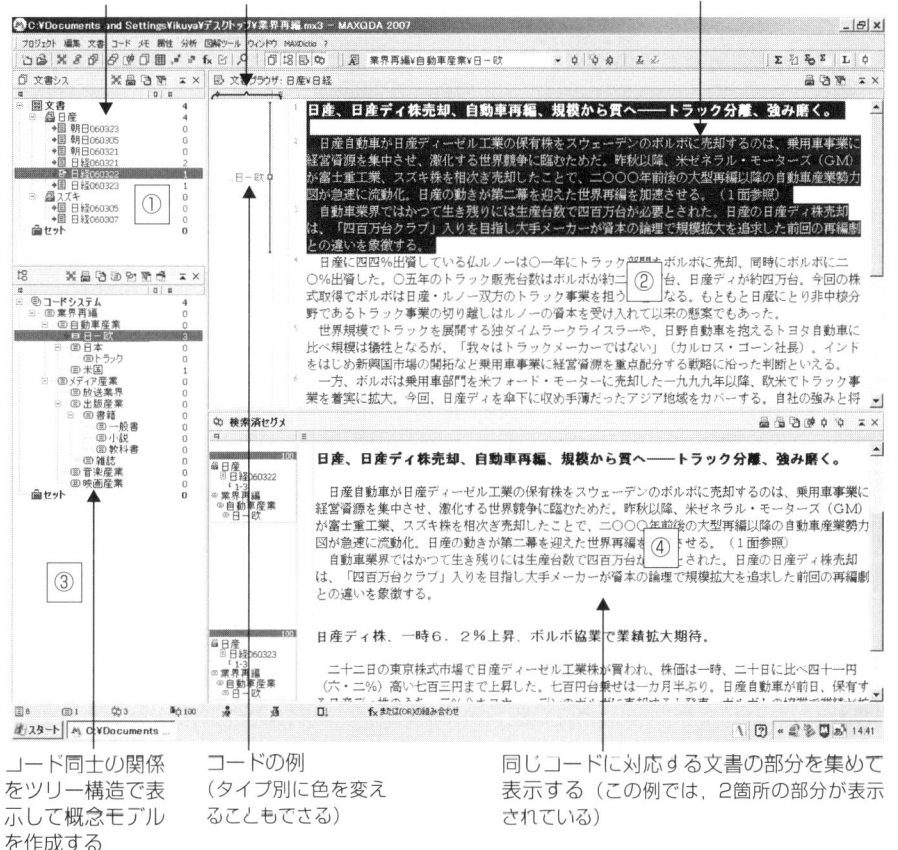

①

③

コード同士の関係をツリー構造で表示して概念モデルを作成する　　コードの例（タイプ別に色を変えることもできる）　　同じコードに対応する文書の部分を集めて表示する（この例では、2箇所の部分が表示されている）

図3・1　QDAソフトウェアの概要（MAXqdaの例）
（文書データは日本経済新聞 2006年3月22日、23日の記事より）

おけば、オリジナルの文書を即座に参照してその文脈について確認できる機能を持つものがある[3]。

画面構成

図3・1は、そのQDAソフトウェアの概要を、MAXqda（マックス・キューディーエー）というプログラムの例を取り上げて示したものである。図3・2は、それを紙のカードの場合に対応させて模式的に示したものである。

第3章　質的データ分析の基本原理——電子媒体篇　39

① オリジナルの文書　② 特定セグメントの切り抜き

脱文脈化

元の文脈への参照　カードへの貼り付け・索引コードの記入

ストーリー化

データベース化

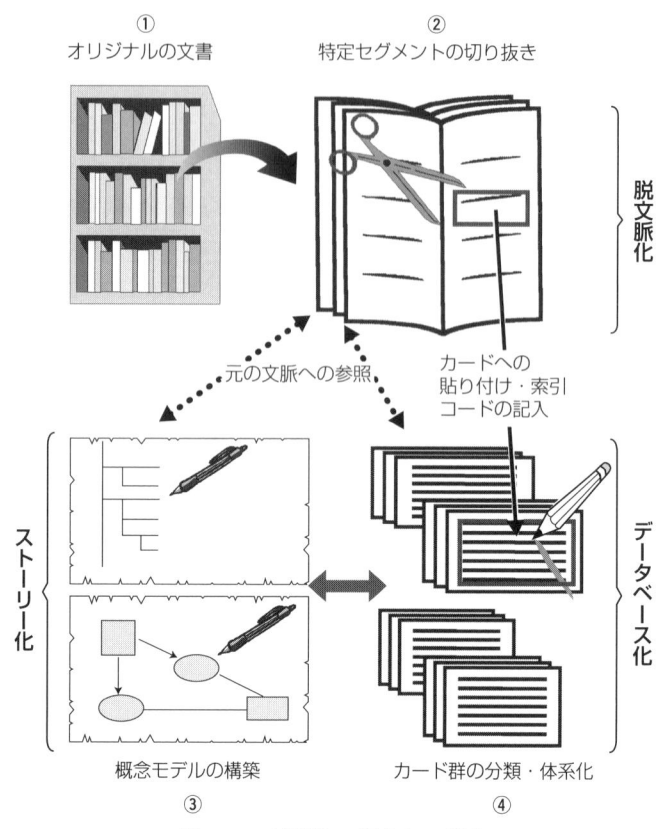

概念モデルの構築　カード群の分類・体系化
③　　　　　　　　　④

図3・2　紙媒体の場合との対応

　この2つの図に見られるように，ソフトウェアによって若干の違いも見られるが，多くのQDAソフトウェアは，基本的に次のような4つの機能に対応するウィンドウを持っている。また，それぞれの機能は，右側にあげたソフトが持っている機能に該当すると考えられる。

① 文書データセットの管理——ワードプロセッサ（ないしエクスプローラ）
② 文書データに対する編集およびコーディング——ワードプロセッサ
③ コード間の関係に対応する概念モデルの構築（しばしばツリー構造の形式をとる）——アウトライン・プロセッサ

④ 特定のコードに対応する複数の文書セグメントの抽出——文書型データベースソフト

　文書データセットの管理というのは，文字通り，電子化された文字テキストのデータをいくつかのグループに分類して整理しておくための機能である。たとえば，先にあげた例では，自動車メーカーに関するいくつかの記事を企業名で分類して別々のフォルダに入れておくような整理の仕方である。これは，紙媒体資料のファイリングで言えば，企業別に専用の箱に入れておいたりバインダーに綴じたりして収納する手順に該当する。
　このようにして整理された文書を1点ずつ取り出してその内容を読み込みながら，その特定部分を切り抜いたり，その切り抜いた断片に対して索引用コードをつけていく作業の際に使用するのが2番目と3番目の機能である。後でまた何度か出てくるが，この切り抜いた文書テキストの断片のことを**文書セグメント**ないし単に**セグメント**と呼ぶことが多い。
　2番目のウィンドウは，わたしたちが日常よく目にするワープロ画面とよく似ている。実際，このウィンドウでは，通常のワープロを使用する場合と同じように，開いた文書ファイルに書き込みをしたり，訂正したり，文字の大きさや書体を変えたり，といった編集作業をおこなうこともできる。もっとも，このこのウィンドウがその真価を発揮するのは，むしろ，その文書の特定部分を指定して，本マニュアルでは索引用コードと呼んできた**記述的コード**や**分析的コード**を割り振っていく作業にある。（「記述的コード」と「分析的コード」については，すぐ後で解説する。）
　そのコード自体は，3番目のウィンドウにおいて，概念モデルを作成していく上での基本的な構成要素となる。この概念モデルは，この図のように「ツリー構造」などと呼ばれる階層構造の形式をとることが多い。このツリー状の構造は，アウトライン・プロセッサなどでも頻繁に採用されているものであるが，より一般的には，論文や書物などの章だてときわめてよく似た体裁になっている。実際，書物の目次が〈部→章→節→項……〉という階層的な構造をとることが多いように，ある程度以上の長さの文章の構成は，より大きな単位のまと

まりが小さな単位の意味のまとまりを包み込むような形の階層的な構造をとることが少なくない。

　先に索引用コードを書物の索引に喩えたが，QDA ソフトにおいてコード間の関係を示す概念モデルは，索引というよりはむしろ本の目次，すなわち最終的な調査報告書で展開されるストーリーの章だてを示す目次ときわめてよく似た性質を持っている，と考えることもできる。事実，アウトライン・プロセッサは，大まかな章だてやより詳しい目次構成などの構想をツリー構造として示す一方で，同時にその文章の「パーツ」を構成する章や節の内容を少しずつ書き込みながら文章全体のアウトラインを組み立てたり組み直していく，という作業を前提として設計されているが，QDA ソフトウェアにも，それときわめてよく似た発想が見られるのである。

概念モデルとしてのツリー構造

　QDA ソフトを使用する際に非常に重要な意味を持っているのは，一つひとつの文書テキストの断片に索引用コードを割り振っていく一方で，他方では，複数のコードおよびそれに対応する文書セグメント同士のあいだの関係構造を図 3・1 や 3・2 における ③ に見られるような**「ツリー構造」のような形式で体系化して目に見える形にしていく作業である**。これは，概念モデルを図式化していく作業であると言える。また，そのツリー構造自体を何度となく組み立て直していく手続きを通して，徐々にストーリーを構築し，さらにいったん作ってみたストーリーを何度となく再編集していくこともできる。以上の 2 つの作業は，紙媒体の質的データ分析の場合で言えば，いわゆる「KJ 法」などのやり方，すなわち，文字テキストを転写した何十枚ないし何百枚かのカードを「似たもの集め」の要領でグルーピングした上で，さらに今度はグループ同士の関係を図式化して割り出し，また報告書のストーリーについて考えていくやり方によく似ていると言える。

　実際，このようにして複数の分析的コードのあいだの関係，そしてまたそれに対応する文書セグメント同士の関係を階層的な構造として目に見えるようにすることによって，次にあげるような，分析上きわめて重要なポイントが自然に浮かび上がってくるように思えることが少なくない[4]。

- どのセグメントとどのセグメントを，同じ索引用コードを割り当てるものとしてひとくくりにできるのだろうか
- 現在はひとくくりにしている複数のセグメントをさらに細かく別々のコードのグループに分割することはできないか。その場合，細分化されたコードおよびセグメント同士の関係は，同列に扱うべきか，それともあるコードは別のコードの下位（上位）項目にすべきだろうか
- 何か付け足すべきコードはないか。それに該当する文書データはどのようにしたら集めることができるだろうか
- 同じようなテーマを含んでおり，したがってより上位の1つのコードにまとめられる複数の分析的コードはないだろうか

　このようにして，複数のコードのあいだの関係構造を割り出しながら報告書のストーリーを構成していく上で重要な意味を持つのが，4番目の，**それぞれのコードに該当するいくつかの文章の断片を集めて一覧できるように並べていく機能**である。これは，紙のカードの場合には，同じグループとして一緒にまとめておいた複数の文書の断片を大きな机の上にでも並べて眺めたり何度か読み直したりしながら，そのグループが持つ共通のテーマや概念モデルの中での位置づけ，あるいは他のグループとの関係について考えていく作業にあたる。

　以上のように，QDAソフトウェアは，その設計上，① 文書セグメントの切り抜き，② 索引用コードの割り当て（コーディング），③「似たもの集め」と一覧表示，という3種類の作業と，それらを元にした理論構築および調査報告書のストーリーラインの構成とが同時並行的におこなえるようになっているのである。

5　記述的コードと分析的コード

　すでに何度か指摘したように，索引用コードの中でも，質的データを分析し，また報告書のストーリーラインを構築していく上で特に重要な意味を持っているのは，本書でこれまで「分析項目」と呼んできた索引用コードである。（社会調査におけるコーディングの役割，および定量的コーディングと定性的コーディングのあいだの違いについては，第

10章で詳しく解説する。）ここでもう一度，【カード例1】と【カード例2】にあげたいくつかの索引用コードを見てみると，他の索引用コードが人名や企業名など，どちらかと言えば具体的な項目を指すのに対して，分析項目は，より抽象的で一般的な基準をもとにした分類になっていることが分かる。言葉をかえて言えば，他の索引用コードがどちらかと言えば記述的なコードであるのに対して，分析項目は，分析概念的な性格を持つコードであると言える。これを【カード例1】についてあらためて示せば，次のようになる。

```
出典        媒体    日経  日付  2006/3/21 面  第1面
索引用コード  業種    製造  自動車  トラック
            企業名  日産自  日産ディ  ボルボ  GM      ⎫
            人名    カルロス・ゴーン（社長）         ⎬ 記述的コード
            分析項目  業界再編  M&A  日―欧        ⎱ 分析的コード
```

　記述的コードは，質問紙を使ったサーベイ――「アンケート」――の場合で言えば，いわゆる「フェースシート項目」にあたる。つまり，対象となっている人，集団，組織，あるいは物事の基本的な属性（人名，性別，組織規模，業種等）を基準とした分類である。これに対して，この例では「業界再編」「M&A」「日―欧」が該当する**分析的コード**は，より抽象度の高いレベルで見た時に，その文字テキストが全体として示すテーマや概念（コンセプト）を指す。また，先に見たように，この分析コードには，「企業レベルのリーダーシップ」や「業界レベルのリーダーシップ」などを付け加えることもできる。

　記述的コードは，どちらかと言えば，個々の事物（人，集団，組織だけでなく，出来事や物事の事例も含む）の個別的・特殊な特徴を示す。これに対して，分析的コードは，個々の事例を越えて一般的なレベルで適用できる概念，つまり，個々の事例が意味している「事柄」にもとづく分類でありまたラベリングなのである。たとえば，下の例で言えば，左から右の方に行くほど抽象的かつ一般的になる。

日産の日産   →　自動車業   →　製造業の   →　業界再編
ディ株売却   界再編   業界再編

そしてこの例に見るように，記述的コードの場合とは違って分析的コードの場合には，**オリジナルの文字テキストにはない言葉を分析者の判断によって使用する**例が少なくない。

要するに，記述的コードと分析的コードのあいだには，以下のような対比が存在しているのであり，分析的コードは，個々の事例のディテールにこだわっている限りは見えてこない，一般的なレベルでの現象の共通性あるいは法則性を割り出すための手がかりを提供するのである[5]。

記述的	対	分析的
具体的	対	抽象的
個別的（特殊的）	対	一般的
経験的	対	概念的

図3・1と3・2の例で言えば，分析的コードを中心にしてツリー構造を構築していけば，そのツリー構造状の分析モデルは，抽象度が高く，また一般性の高いレベルで議論をおこなう際の手がかりを提供するものになる。もっとも，それは一方で，現実から遊離した「空理空論」に陥る危険性をもはらんでいる。したがって，わたしたちは，図3・1で言えば，③ のウィンドウで抽象的なレベルで概念モデルを構築しながらも，その一方で適宜 ② や ④ のウィンドウでオリジナルの文脈を参照していく必要があるのである。つまり，概念モデルの内容とそれぞれの分析的コードが指し示している現実の事象についての記述や証言とのあいだの対応について，常に考慮していかなければならないのである。

実際，質的データ分析における最も重要なポイントのひとつは，このように，**具体と抽象，特殊と一般のあいだの往復運動を何度となく繰り返していくことを通して，具体的なデータにしっかりと根をおろしながらも，他方で理論的な概念モデルの洗練をはかっていくところ**にある。これは，とりもなおさず，データ分析の手順において，質的研究それ自体が持つ特長の一つである「インタラクティブ性」を生か

していくことに他ならない。そして，QDAソフトでは，そのインタラクティブ性に加えて，質的研究のもう一つの特長である柔軟性を最大限に生かしていくためのさまざまな工夫がなされている。次章では，この点についてもう少し詳しく解説していくことにする。

第4章 質的研究の特質と QDAソフト

1 質的研究法の多様性と共通点

　QDA ソフトの多くは，質的研究用のツールとして開発されてきたものである。したがって，それぞれのソフトウェアに盛り込まれたさまざまな機能は，質的研究に見られるいくつかの特長を反映し，またそれらを最大限に生かしていくことが意図されている。

　もっとも，ひと口に質的研究とは言っても，基本的な理論的立場という点に関しては，実にさまざまな学派ないし「流派」が存在する。主なものをあげただけでも，以下のように十指にあまる —— 現象学，エスノメソドロジー，会話分析，談話分析，エスノグラフィー，マイクロ・エスノグラフィー，ライフヒストリー分析，カルチュラル・スタディーズ，グラウンデッド・セオリー・アプローチ，口述史。

　本書の第10章では，これらの理論的視点のなかでも，特にグラウンデッド・セオリー・アプローチをとりあげて比較的詳しく紹介するが，実際には，さまざまな理論的立場は，その具体的な分析手順やその根底にある発想という点に関して共通する部分が少なくない。レナタ・テシュは，『質的研究 —— 分析タイプとソフトウェア』という本で，その共通点を，以下に述べる10個のポイントとしてまとめている[1]。第5章以下でその使用法について解説するQDAソフトを活用していくためには，これら，質的研究におけるデータ分析法の特長を頭に入れておく必要がある。

① データの収集と分析の同時進行 —— データ収集とデータ分析が並行しておこなわれる

質的研究においては，典型的なサーベイ調査などの場合とは対照的に，〈研究や調査の最終段階になってようやくデータの分析が始まる〉というような手順をとることは少ない。むしろ，データの分析は，最初のデータセットを入手した時から始まることも多く，その後も収集と分析の作業は密接不可分の関係にある。また，ある時点でのデータ分析の結果が次の段階でのデータ収集の方針に生かされていくことも少なくない。

② **分析作業の体系性と柔軟性** —— データ分析の手順は一貫した方針に沿っておこなわれる一方で，状況にあわせて適宜変更が加えられる

　データ分析の作業は，一貫した方針にもとづいてシステマティックにおこなうべきであり，決して都合のよいデータや資料だけを「つまみ食い」するような形はとるべきではない。分析作業が終了するのは，それ以上データを追加しても何も新しいアイディアが生まれてこなくなってきた時である。一貫した方針のもとに分析をおこなう必要があるとは言っても，必ずしも厳格な「作法」を守らなければならない，というわけではない。むしろ，作業の進行状況に応じて柔軟に対応していった方がよい。

③ **分析メモの重要性** —— 分析の最中に浮かんだアイディアをこまめに書きとめていく

　データ分析においては，分析の過程で浮かんだ考察や理論的アイディアなどをこまめに文章として書きとめていく作業が重要な意味をもつ。この作業は，データに対して抽象的・概念的なレベルで検討や考察を加えていく上で効果的であるだけでなく，具体的なデータ分析の手順について常に意識しながら研究を進めていく上でも，きわめて有効である。

④ **文脈性を前提にしたデータのセグメント化** —— 文字テキスト全体の文脈を重視しながら，文書セグメントをパーツとして切り出していく

　典型的な質的データである文字資料は，そのままの状態では取り扱

いが難しいので、その一部分を切り出した「文書セグメント」を分析作業のための基本的な部品（パーツ）として扱うことが多い。もっとも、これは決して、そのセグメントが埋め込まれていた文字テキストの文脈を無視ないし軽視しても構わない、ということを意味しない。セグメントは、あくまでも本来の文脈に照らしてこそ意味を持つのであり、また分析をおこなう前後には、文字テキスト全体に何度か目を通した上で文脈の中での位置づけについて確認しておく必要がある。

⑤ **コーディングにおける帰納的な性格** ── **文書セグメントのコーディングにあたっては、データそのものから浮かびあがってくるアイディアが重視される**

　同じようなトピックを扱った文書セグメントは、同じ場所に集められた上で、共通するテーマや概念があぶり出されていく。この「カテゴリー化」ないし「コーディング」の作業においては、既存の理論や概念的枠組みを参考にすることもあるが、むしろ、データそれ自体のなかから浮かびあがってくる共通のテーマや概念の方を重視することが多い。

⑥ **根本原則としての比較** ── **さまざまなタイプの比較分析の作業がデータ分析における基本原理となる**

　質的データ分析においては、ほとんどあらゆる局面において、比較という手順が重要な役割を果たす。たとえば、以下のような手順では複数の文書セグメント同士あるいはコード同士を比較する作業が重要になる ── コードの構築、複数のコードの違いの明確化、文書セグメントに対するコードの割当て。また、質的データ分析の際には、〈いったん構築した説明図式について意図的に例外的な事例を探し出してその図式をさらに練り上げていく〉という作業をおこなうことが多い。これも、比較による分析の一種であると言える。質的研究においては、以上のような多方面にわたる比較の作業を通じて、複数のコードや概念のあいだの関係が明確にされ、また何らかの一般的なパターンや規則性が見出されていくことになる。

⑦ **コード設定の柔軟性** ── **コードや分析的カテゴリーは固定的なも**

のではなく，必要に応じて作りかえられていく

　文書セグメントを分類・整理しておくための入れ物であるコードは，理論を構築していくためのツールのひとつにすぎない。つまり，一つひとつのコードに該当する概念的カテゴリーを設定することそれ自体は，決して最終的な目標ではないのである。したがって，データ分析の過程でいったん設定したカテゴリーであっても，それがうまく当てはまらないデータが出てきたりしたような場合には，何度でも作りかえていくつもりで作業を進めていった方がよい。

⑧ **分析プロセスの折衷性** ── **分析手順には大いに創意工夫の余地がある**

　文書データの処理には，唯一絶対の「作法」やこれがベストだと言えるような標準的な手続きというものは存在しない。質的研究の本質は，むしろその研究をおこなう者がそれぞれ創意工夫をこらしてデータを処理し，みずから独自の理論を構築していくことにある。

⑨ **「アート」としての性格** ── **厳密なルールはないが，一定のガイドラインを守り，また基本的な素養を身につけておく必要がある**

　質的データ分析には，職人芸ないしアートとしての性格がある。つまり，厳格な作法やルールというものは存在しないのだが，その一方で，決して「何をやってもいい」というわけでもないのである。実際，より高度な質的分析をおこなっていくためには，量的研究法なども含めて方法論に関する最低限度の知識や技術を身につけていることが望ましい。

⑩ **全体的なパターンの把握** ── **最終的な目標は，全体的なパターンやテーマの把握にある**

　質的データ分析においては，たとえばセグメント化の場合のように，データを小分けにしていくような作業がかなりの部分を占める。しかし，その一方でデータ分析における最終的な目標は，調査対象を何らかの形で包括的にとらえることができるような概念モデルを構築したり共通のパターンないしテーマを割り出したりしていくところにある。

2 質的研究におけるインタラクティブ性と柔軟性

上にあげた 10 個のポイントは，各種分析作業の**インタラクティブ性**と分析プロセスの**柔軟性**という 2 つの特徴に集約することができる。この 2 つの特徴は，アンケート調査（サーベイ）のような量的研究の進め方とはきわめて対照的なものである。

インタラクティブ性

質的研究においては，データ収集やデータ分析およびコードの設定や概念モデルの構築など各種の作業が同時並行的におこなわれ，また，それぞれの分析作業のあいだの関係がインタラクティブなものになることが少なくない。したがって，たとえば上で 1 番目の特徴としてあげたように，〈データがある程度集まったら随時それを分析にかけ，またその分析の結果を次の段階のデータ収集に生かしていく〉というようなアプローチが取られることが多い。また，ある時点までのデータ分析の結果にもとづいて，コードや概念モデルや説明図式および基本的な仮説が構築され，時には大幅に作りかえられていくこともある。これは，典型的な量的研究の一つであるアンケート調査などとは，きわめて対照的な研究の進め方である。特に，量的研究のなかでも〈一度アンケート用紙を配って回収し，その結果を分析したら，それで終わり〉というようなやり方を採用する統計的な研究とは正反対のアプローチであると言える。

その種の，「ワンショット・サーベイ」などと呼ばれる量的研究においては，仮説の構築，データ収集，データ分析，仮説の検定など各種の手順は，それぞれが，いわば「ブツ切り」状態となった個別の作業としておこなわれることが多い。したがって，たとえば，調査の最中に明らかになった事実や思いがけない知見が，当初の問題設定や仮説の想定に対してフィードバックされていく，というようなこともあまりない。

これに対して，質的研究においては，各種の分析手順が同時並行的にあるいは前後しておこなわれることが多く，うまくいった場合には，各種の作業のあいだの関係がきわめてシームレスなものになっていく。

柔軟性

　以上のようなインタラクティブな性格に加えて，質的研究におけるデータ分析のプロセスについては，その**柔軟性**，つまり研究の進展状況や現場の状況の変化に応じて臨機応変に分析作業の組み替えがなされていく，という点がもう1つの顕著な特徴としてあげられる。この柔軟性もまた，インタラクティブ性と並んで，ある種の量的研究の進め方に見られる特徴とは非常に対照的なものであると言える。

　統計的研究などの場合は，ルールを厳格に守って統計的手法の「誤用」を避けることは，確実な研究成果を生み出す上での必須条件である。それに対して質的データ分析の場合には，一貫した方針にもとづいてシステマティックに分析作業を進めていくのが望ましいということは言うまでもないが，その方針は，決して厳格な「作法」やルールといったものではない。むしろ分析者の創意工夫が生かされる，大まかなガイドラインとして理解されるべき面が少なくない。

　実際，質的研究においては，最初に想定していた仮説や全体的な問題設定それ自体が，データ分析の結果にもとづいて，より調査現場の現実に即した方向に大幅に作り替えられていくことが少なくない。

③ QDA ソフトにおけるインタラクティブ性と柔軟性

　以上にあげたインタラクティブ性と柔軟性という2つの特徴について頭に入れておくことは，次章以下で解説していく QDA ソフトのさまざまな機能同士の関係について把握し，また，QDA ソフトの特長を十分に生かして分析作業を進めていく上で，きわめて重要なポイントとなる。

QDA ソフトのインタラクティブ性

　第5章以下では，QDA ソフトに盛り込まれた各種機能について，以下の5つの手順に沿って解説していく。

　① プロジェクトファイルの作成と QDA ソフトへの文書のインポート（取り込み）

② 予備的分析 ── 手作業でのコーディング・文字列検索・文書メモの作成
③ コーディングと概念モデルの構築
④ コード付きセグメントの検索と表示
⑤ 分析メモの作成とストーリー化

　各章における解説は，それぞれQDAソフトに備わっている個別の機能にほぼ対応している。もっとも，上で質的研究のインタラクティブ性という特長について述べた際に強調したように，実際のデータ分析においては，複数の手順にまたがって同時並行的に作業がおこなわれることが多い。実際また，QDAソフトは，複数の機能に対応する画面を瞬時に切り替えて操作できるような工夫がこらされている。
　MAXqdaは，そのような発想を生かした典型的なソフトのひとつである。たとえば，図3・1 (39ページ) には，MAXqdaの4つの機能に対応する画面が同時に表示されている。このような画面構成は，とりもなおさず，〈ツリー構造の形式で分析モデルを構築しつつ，他方では，それをコードの一覧画面や元の文書データと照らし合わせながら再編集していく〉という具合にして，さまざまな作業を同時進行的にかつインタラクティブにおこなえるようにするための工夫に他ならない。

QDAソフトの柔軟性

　統計解析ソフトなどとは対照的に，QDAソフトの場合には，データ処理の作業内容にはかなりの自由度があり，したがってきわめて柔軟な運用が可能である。
　たとえば，図3・1の左下に示されているツリー構造は，概念モデルを複数のコード間の階層的な関係の形で図解して示すための機能であるが，この機能は，多くのQDAソフトに共通に見られるものである。このツリー構造については，新しいコードを追加したり，それまで作っておいたコードの名前を変更したり，ツリー構造全体を大幅に作りかえたりすることが比較的容易にできるようになっている。これに対して，統計解析ソフトの場合には，分析の途中でコーディングの方針を変えてしまうと，無用の混乱を招きかねない。

多くのQDAソフトに見られる柔軟性という特性は，これらのソフトでおこなう作業が，必ずしも特定の理論的枠組みを前提としているわけではない，という事実によるところも大きい。第3章でみたように，QDAソフトは，基本的には，紙媒体でおこなわれてきたデータ分析の作業の手順を電子化したものなのである。実際，「セグメント化」「データベース化」「ストーリー化」という，3つの基本的な手順は，特に何らかの理論を理解していなければ絶対に実行できないというものではない。

　これは，統計解析ソフトの場合には，その前提となる統計理論を理解しないままに利用すると，見当違いのデタラメな数値が解析結果としてはじきだされたり，完全な誤用に陥ってしまったりするのとはきわめて対照的である。つまり，QDAソフトは，さまざまな理論的立場にもとづくデータ分析に対応可能なのであり，また，利用者の創意工夫の余地はきわめて大きいのだと言える。

　この点からすれば，これから解説していく，QDAソフトを活用したデータ分析の手順についても，決して必ず守らなければならない厳格な「作法」や「鉄則」としてではなく，むしろ，ある種のガイドラインないし一種のヒント集のようなものとして考えた方がいいだろう。もちろん，もし以下で紹介するいくつかの手順が自分自身の研究にも生かせそうだと思われたら，それについてはゼヒ採用してみていただきたい。しかし，もし逆に，自分の手元にあるデータの性質や前提としてきた理論的立場から見てあまり相性が良くないと思われたら，それについては無視していただいても一向にかまわない。あるいはまた，いったん自分で試してみて独自の工夫で修正したり変更を加えていったりした方がふさわしい場合も多いかもしれない。

コラム　体験版の入手とライセンスの購入

　他の多くのソフトウェアの場合と同じように，QDAソフトの操作法を身につけるためには，マニュアルを熟読するよりは，むしろ実際にソフトを操作してみた上で，必要に応じて適宜マニュアルを参照した方がよい。まさに，「習うより慣れろ」である。さいわい，各種のQDAソフトについては，多く

の場合，開発元のウェブサイトから無料体験版が提供されている[注]。したがって，本書の第5章以下の解説を読んでいく際には，ソフトの体験版を入手して自分のコンピュータにインストールした上で操作しながら目を通していった方がいいだろう。また，複数のソフトのうち，どれを選ぶべきかという点については，体験版のソフトを使って実際のデータを分析してみて，自分にとって最も相性がいいと思われるものを選択すればよいだろう。

なお，体験版については機能ないし試用期間についての制限条件が設けられている場合が多い。それらの条件に制約されずに分析作業を続けていくためには，正規のライセンスを購入しなければならない（教育機関に所属する者や学生に対しては優遇価格が設定されている）。また，正規のライセンスを取得しておかないと，アップデートサービスが受けられなかったり，使用上深刻な不具合が生じたりする場合がある。

[注] 日本語文字データが扱える主なQDAソフトの開発元のURLは以下の通りである（2008年10月現在） ― MAXqda: http://www.maxqda.com/，ATLAS.ti: http://www.atlasti.com/index.php，NVivo: http://www.qsrinternational.com/products_nvivo.aspx

第5章 プロジェクトファイルの作成と文書のインポート（取り込み）

1 プロジェクトファイルの作成

　QDA ソフトによるデータ分析は，通常，自分で適当なファイル名をつけたプロジェクトファイルを作成することから始まる。**プロジェクトファイル**というのは，何らかの研究におけるデータ分析に関わる情報，すなわち，次のような情報が含まれているファイルのことである —— コードの名称や複数のコード間の関係，セグメントとコードの対応関係，複数の文書間の関係。QDA ソフトを起動させると，自動的にダイアログボックスが開いて，既存のファイルを開くか，新規に新しいプロジェクトファイルを作成するか聞いてくるので，新しく作成する際には，任意のファイル名を付けて作成しておけばよい（MAXqda の場合のプロジェクトファイルの作成手順については，本書の姉妹編「QDA ソフトウェア入門」（ウェブ版）の第Ⅱ部参照）。

外部データベース方式と内部データベース方式の概要

　ここで少し注意が必要なのは，プロジェクトファイルと分析対象になる文書ファイルとの関係であり，QDA ソフトには，「外部データベース方式」と「内部データベース方式」の2通りのものがある，という点である。この2方式の違いは，次頁の図5・1のようにあらわすことができる。

　外部データベース方式では，プロジェクトファイルと文書ファイルがそれぞれ別個のファイルになっている。これに対して，内部データベース方式の場合には，プロジェクトファイルそれ自体の中に分析対象である文書ファイルがコピーされて取り込まれている。

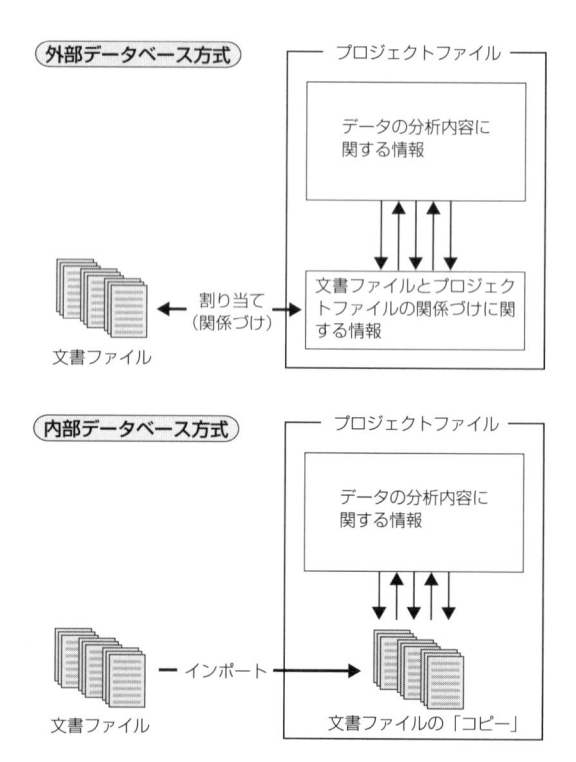

図5・1　外部データベース方式と内部データベース方式

それぞれのデータベース方式の利点と問題点

　外部データベース方式を採用している代表的な QDA ソフトには，ATLAS.ti（アトラス・ティーアイ）がある。ATLAS.ti のようなソフトの場合には，プロジェクトファイルは，ファイル本体の外部に置かれた文書ファイルを，必要に応じてその都度，文書ファイルとプロジェクトファイルの関係づけに関する情報を介して「読みに行く」ことになる。この方式が持つ利点の1つは，プロジェクトファイルのサイズを小さなものに抑えることができるため，コンピュータの性能があまり高くなくても，比較的機敏なデータ処理が可能になる，というところにある。また，文書ファイルに画像など比較的容量が大きい情報が含まれていても，十分に対応できるという利点もある。

　もっとも，その一方で，外部データベース方式の場合には，プロジェクトファイルと文書ファイルという2つのファイルの関係づけが失

われないようにするための配慮が必要になる，という問題がある。実際，この関係づけについての配慮を怠って，たとえば，文書の内容を不用意に書きかえてしまったり，ハードディスクなどの中での文書ファイルの位置（「パス」）をうっかり変えてしまったりすると，文書ファイルが「迷子」ないし「消息不明」になってしまうことがある。

　それに対して，MAXqda や NVivo などで採用されている**内部データベース方式**では，分析の最中に分析対象の文書ファイルが行方不明になってしまうことは，めったに起こらない。というのも，この方針の場合には，プロジェクトファイル自体の内部に文書ファイルを「インポート」，つまり，コピーして取り込んだ上で分析作業をおこなうからである（オリジナルの文書ファイルは，そのままの形で元の場所に残る）。もっとも，その半面，内部データベース方式を採用した場合には，文書ファイルのサイズが大きくなると，コンピュータの性能によっては，動作が若干緩慢になる可能性もある。

　なお，文書ファイルについては内部データベース方式を採用しているQDAソフトのなかでも，画像ファイルのように特に容量が大きくて「重い」ファイルについては，プロジェクトファイル本体とは別個のファイルとして扱う場合もあるので，注意が必要である。

2　文書ファイルの形式

　QDAソフトで分析対象にすることができる文書ファイルの形式で代表的なものとしては，テキストファイル（拡張子は，.txt），リッチテキストファイル（.rtf），ワードファイル（.doc）の3つがあげられる。また，ソフトによっては，この3種類のうち特定のものしか扱えないものもある。

　3種類のファイル形式のうち，もっとも一般的なのはリッチテキスト形式のファイルである。リッチテキストファイルは，フォントや色を指定することができるだけでなく，両端揃えやセンタリングなど簡単な文書レイアウトが可能であり，また画像やExcelなどによる表も埋め込んでおくことができる。

　リッチテキスト形式は，もともとMicrosoft社によって開発された文書ファイルのフォーマット形式であるが，同社の製品だけでなく，

他の多くのワープロソフトでも読み書きができる。したがって，他の形式で保存された文書ファイルをリッチテキスト形式に変換することも比較的容易にできる。

　Microsoft 社の Word の場合には，下の図に示したように，［ファイル］メニューから［名前をつけて保存］で出てくるダイアログボックスで［ファイルの種類］の横の▼を押すとプルダウンメニューとして出てくるオプションのうちの「リッチテキスト形式（RTF)」を選択すればよい。

Wordの文書
保存画面

ここでファイルの保存形式を選択できる

図5・2　リッチテキスト・フォーマット（RTF）による文書ファイルの作成法（Microsoft 社 Word の場合）

　なお，現在では，公的な会議の議事録や論文あるいは広報資料などさまざまな文書がウェブ上に pdf 形式で公開されている。これらの文書についても，文書ファイルに変換することによって QDA ソフトを用いた質的データ分析の対象にすることができる。1つのやり方は，Adobe 社の pdf 専用ソフトである「アクロバット」などに付いている機能を用いて，テキスト部分だけを抽出しておいて，さらにそれをリッチテキストファイルなどに変換する，というものである。また，市販されている専用の変換ソフト（「PDF2Office」（レコソフト社），「JUST PDF〈データ変換〉」（ジャストシステム），など）を使えば，元の文書の

体裁を生かしたまま，その内容をリッチテキストファイルや Word などのファイルに変換することもできる。

3 文書のインポートと文書の整理

　先に述べたように，内部データベース方式の場合には，プロジェクトファイルの内部に，その一部として，分析対象のファイルとほぼ同じものをコピーして格納することになる。

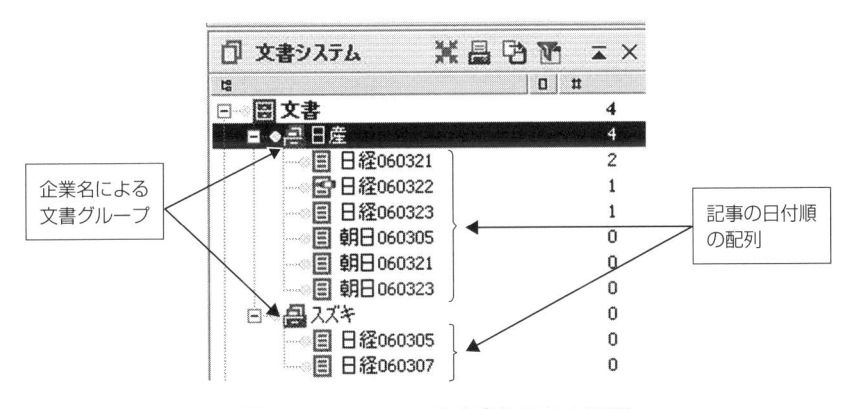

```
企業名による         記事の日付順
文書グループ         の配列
```

図 5・3　MAXqda の文書システム画面

　図5・3は，図3・1の例をもとにして，MAXqda の場合について，インポートの作業が終わった段階の「文書システム」ウィンドウを拡大して示したものである。この例では，以下の2つの方法によって，文書を体系的に配置しておいた場合を想定している。

・「文書グループ」の設定
・日付順による文書の配列

　MAXqda の文書グループというのは，同じタイプの文書をまとめてしまっておくための引出しのようなものであり，画面では，文字通りキャビネットの引出しの形をしたアイコンで示されている。図では，記事が主に取り上げている企業の名称で分けた例を示しておいたが，それ以外では，たとえば，インタビュー記録について，同じ組織や集

団の対象者の記録をそれぞれ同一の文書グループとしてまとめておく，というようなやり方が考えられるだろう。

　他のQDAソフトでも，フォルダのような形で文書をグループ分けする機能がついていることが多いので，適宜，自分にとって一番わかりやすい形で整理しておけばいいだろう。また，文書グループや文書用のフォルダは，インポートの作業の後でも設定できる。したがって，必要に応じて適宜，プロジェクトファイルにインポート済みのファイルを整理しておくと，その後の作業がはかどるだろう。

　図5・3では，同じ文書グループに含まれるいくつかの文書については，日付順に配置されている。これは，インポートした後にMAXqdaの並べ替え（ソート）機能を適用したものである。このように一定の方針に沿ってファイルを配列しておくと，目的の文書を探す時などに好都合である。そして，そのためには，この図にみるように，ファイル名の付け方には，ある程度の工夫が必要になる。また，QDAソフト上での文書ファイルの配列と，インタビュー記録を綴り込んだバインダーなど紙媒体の資料の配列の仕方とのあいだに，何らかの対応がつけられるようにしておいた方がよい（この点については，第6章であらためて解説する）。

　なお，MAXqda以外のソフトにも，ファイル名によってファイルを並べ替える機能がついている場合が多い。もっとも，ソフトによっては，この並べ替え機能が，日本語の文字についてはうまく適用できないものもある。したがって，比較的頻繁に並べ替え機能を使う予定がある場合は，正式にライセンスを購入する前に体験版を操作してみて，その点について確認しておいた方がいいだろう。

4 文書の保存とバックアップファイルの作成

　QDAソフトに限らず，コンピュータ・ソフトを使用する際には，折りにふれてファイルを保存するという習慣をつけておきたい。というのも，こまめにファイルを保存するようにしておけば，ソフトあるいはコンピュータ自体に生じた何らかのトラブルによって，すべての作業内容を一度に失ってしまうというような事態を未然に防ぐことができるからである。

QDAソフトにおけるファイル保存のための操作は，基本的には，他のタイプのソフトの場合と同じものである。つまり，メイン・ツールバーにある■をクリックするか，メインメニューの［File］（ファイル）から，［Save］（上書き保存）ないし［Save Project］（プロジェクトファイルの上書き保存）を選択すればよいのである。

　この，ファイルの保存という点に関して，MAXqdaは，他のQDAソフトとはやや異質な点がある。それは，MAXqdaの場合，文書データの分析作業を通して文書データやコードに関して加えられた変更は，そのつど直ちにプロジェクトファイルに反映されていくという点である。したがって，作業終了時に特にファイル保存の手続きをしなくても，作業内容は自動的に順次保存されていくことになる。これは，「ファイルを保存せずにうっかりプログラムを終了させてしまい，何時間かにわたる作業内容をフイにしてしまう」という，よくありがちなミスを未然に防げるという意味では便利な機能ではある。しかし，その半面，プロジェクトファイルに加えた変更内容のかなりの部分を一度「ご破産」にして，元に戻したい時には，どうしても不都合な面が出てくる。

　この点に関するひとつの対策として考えられるのが，作業の途中で時折バックアップ・ファイルを作成する，というやり方である。MAXqdaの場合，これは，メイン・メニューの［プロジェクト］をクリックして出てくるプルダウン・メニューから［バックアップ・ファイルの作成］（Backup Project）というオプションを選択する。この際に，現在作業中のプロジェクト・ファイルの名前とは異なるファイル名をつけた上で，日付や時間を名前の中に含めるように心がけるようにするとプロジェクト・ファイルの作成時期が確認できて便利である。

　他のQDAソフトの場合も，MAXqdaにおけるバックアップファイルの作成とほぼ同じことが，［File］メニューから［Copy Project］（プロジェクトのコピー）や［Save As］（名前をつけて保存）のオプションを選んでおこなうことができるので，必要に応じて別のファイル名でプロジェクトファイルの控えを保存しておくようにした方がいいだろう。

第6章　予備的分析

1　紙媒体による予備的分析

紙媒体を用いた分析作業の必要性

「はじめに」でも述べたように，本書の眼目は，QDAソフトを用いておこなう質的データ分析のなかでも，特に，定性的コーディングおよび比較分析を通した概念モデルとストーリーの構築という2つの作業に焦点をあてて解説していくことにある。第3章の解説でみたように，情報の電子化は，従来紙媒体でおこなわれてきた作業を格段に効率化することを可能にしてきた。もっとも，数値データの場合とはやや異なり，文字テキストを中心とする質的データ分析の場合には，電子媒体による分析プロセスと並行して紙媒体の資料を用いた作業がむしろ有効である部分も少なくない。

これは，とりもなおさず，質的データ分析においては文脈全体の流れを把握した上で，特定のセグメントの位置づけを確認していく作業がどうしても必要になるからである。実際，第7章以下で解説していく，ソフトの機能を駆使した作業としておこなうコーディングや概念モデルの構築の作業においては，一方では，何度となくオリジナルの文字テキストを参照して，その全体の文脈を把握しながら読み返す必要が生じることが少なくない。

このような作業においては，一覧性や通覧性という点がきわめて重要なポイントになるが，この点に関しては，紙のノートの方がコンピュータのモニターなどよりも格段に優れていることは，ここで改めて強調するまでもないだろう。

電子ファイルと紙媒体資料の対応

したがって，QDAソフトを用いた質的データ分析においては，電子媒体による分析プロセスと紙媒体による作業とのあいだに対応がつけられるようにしておく必要がある。そのような電子的な情報と紙媒体の資料とのあいだの関連づけという点で最も重要なポイントになるのが，電子文書のファイル名の付け方と紙媒体資料の物理的な配列の対応関係という点である。

たとえば，インタビュー記録とフィールドノーツなどについては，以下のような要領で文書の名前をつける，という案が考えられる。

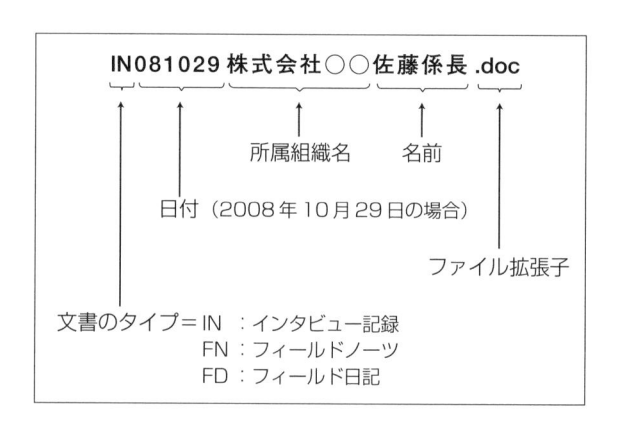

```
         IN081029 株式会社○○佐藤係長 .doc
         ↑    ↑        ↑        ↑      ↑
                    所属組織名   名前
              日付（2008年10月29日の場合）
                                        ファイル拡張子

文書のタイプ＝IN ：インタビュー記録
            FN ：フィールドノーツ
            FD ：フィールド日記
```

比較的よく知られているように，ファイル名をこの例に示したような形式にしておくと，どのようなコンピュータにもついている，ファイルの配列を指定する機能を使えば，瞬時に文書のタイプという大まかな括りに続いて，日付の順番でファイルが並んで表示される。そうしておけば，後でパソコンのモニター上で読み直してみる時や，QDAソフトを使って紙媒体の資料と対応させながらファイルを加工したりする際にも，作業が順調におこなえることになる。（なお，QDAソフトのプロジェクトファイルに文書をインポートすると，上のファイル拡張子の部分の表示は消えてしまうことが多い。また，第5章でも述べたように，Wordのファイルをリッチテキスト形式に変換すると，拡張子はrtfになる。）

以上のような形式でファイル名が付けられた電子的な文書との対応を念頭において紙の文書資料を整理していく際のひとつのやり方としては，資料の性格を基準にして，たとえばインタビュー記録とフィー

ルドノーツというくくりで大まかに2つに分けた上で，それぞれのバインダーの内部では，日付によって時系列で並べるというようなやり方が考えられる。また，たとえば企業についての研究の場合だったら，社名ごとに分類して別々のバインダーに綴じ込んだ上で，そのバインダー内部では資料の日付で配列するというやり方もあるだろう。場合によっては，社名で分類した上にさらに部局や対象者の名前の50音順に配列するというやり方の方が調査の目的によっては好都合なこともあるだろう。

　いずれの場合であっても，資料の概要が分かるような一覧表あるいは一種の目次を作成しておくと，後で資料の検索をおこなう場合や，文書をQDAソフトに取り込む際に便利である（これについて詳しくは，『質的データ分析法』第6章参照）。

手作業でのコーディング
[コードの書き込み]

　分類と配列の原理を適宜組み合わせて紙媒体の資料を整理する作業がひと通り終わったら，その次の段階におこなうのは，資料を丹念に読み返しながら，鉛筆などを使って文書資料の欄外（マージン部分）に手書きで分析的コードや記述的コードを書き込んでいく作業である。これは，【カード例1】や【カード例2】で言えば，さまざまな索引用コードを手書きでテキストのわきに書き込んでいく作業に該当する。次頁の例は，そのようにして手書きでコードを書き込んでいく作業を図示したものである。

　このような作業をおこなう際には何度もコードを書き直したり，新しいコードを付け加えたりすることも多いので，筆記用具としては，ボールペンなどよりは，比較的自由に書き直しをしたり消したりすることができる鉛筆を使う方がいいだろう。もっとも，ある程度コードの内容が固まってきた段階では，タイプやレベルの異なるコードの区別がつきやすいようにするために，色の違うボールペンあるいはマーカーペンなどを使ってみてもいい。（QDAソフトにはコードの種類別に色分けできるようになっているものも多い。）

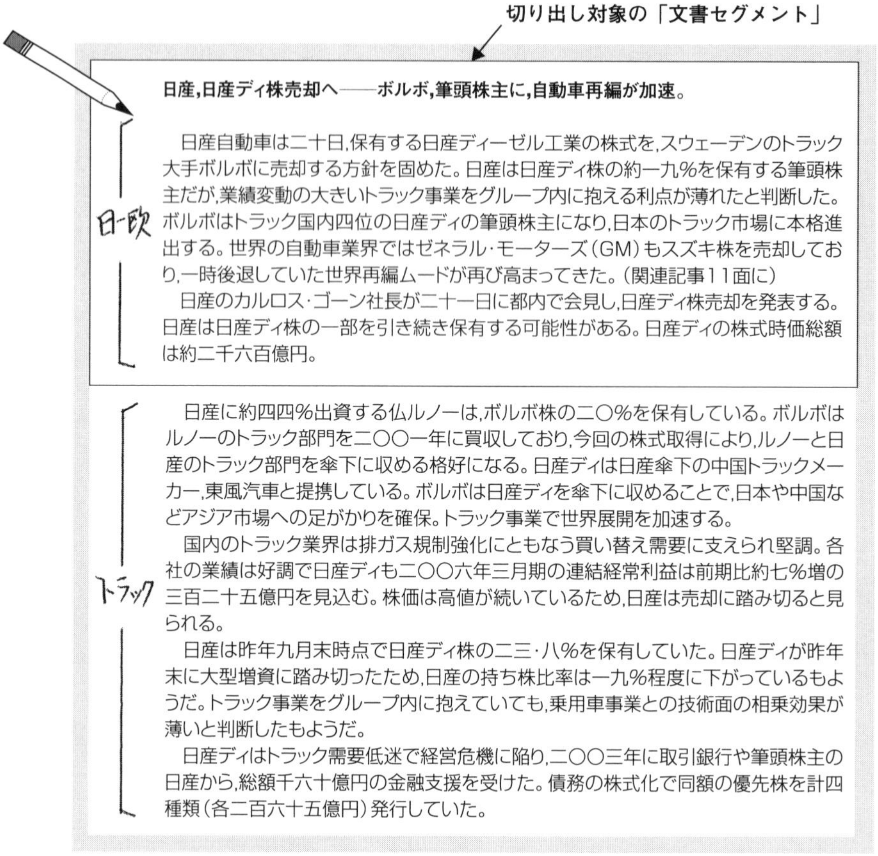

切り出し対象の「文書セグメント」

日産, 日産ディ株売却へ——ボルボ, 筆頭株主に, 自動車再編が加速。

日欧

　日産自動車は二十日, 保有する日産ディーゼル工業の株式を, スウェーデンのトラック大手ボルボに売却する方針を固めた。日産は日産ディ株の約一九％を保有する筆頭株主だが, 業績変動の大きいトラック事業をグループ内に抱える利点が薄れたと判断した。ボルボはトラック国内四位の日産ディの筆頭株主になり, 日本のトラック市場に本格進出する。世界の自動車業界ではゼネラル・モーターズ (GM) もスズキ株を売却しており, 一時後退していた世界再編ムードが再び高まってきた。(関連記事11面に)
　日産のカルロス・ゴーン社長が二十一日に都内で会見し, 日産ディ株売却を発表する。日産は日産ディ株の一部を引き続き保有する可能性がある。日産ディの株式時価総額は約二千六百億円。

トラック

　日産に約四四％出資する仏ルノーは, ボルボ株の二〇％を保有している。ボルボはルノーのトラック部門を二〇〇一年に買収しており, 今回の株取得により, ルノーと日産のトラック部門を傘下に収める格好になる。日産ディは日産傘下の中国トラックメーカー, 東風汽車と提携している。ボルボは日産ディを傘下に収めることで, 日本や中国などアジア市場への足がかりを確保。トラック事業で世界展開を加速する。
　国内のトラック業界は排ガス規制強化にともなう買い替え需要に支えられ堅調。各社の業績は好調で日産ディも二〇〇六年三月期の連結経常利益は前期比約七％増の三百二十五億円を見込む。株価は高値が続いているため, 日産は売却に踏み切ると見られる。
　日産は昨年九月末時点で日産ディ株の二三・八％を保有していた。日産ディが昨年末に大型増資に踏み切ったため, 日産の持ち株比率は一九％程度に下がっているもようだ。トラック事業をグループ内に抱えていても, 乗用車事業との技術面の相乗効果が薄いと判断したもようだ。
　日産ディはトラック需要低迷で経営危機に陥り, 二〇〇三年に取引銀行や筆頭株主の日産から, 総額千六十億円の金融支援を受けた。債務の株式化で同額の優先株を計四種類 (各二百六十五億円) 発行していた。

図6・1　手書きでのコードの書き込み
(文書データは日本経済新聞 2006年3月21日の記事より)

[コーディングの方針]

　どのようなタイプの分析的コードを書き込む場合にせよ, そのコードは, 次のような概念レベルでの問いに対する答えになっている必要がある。

・この部分に書かれている内容 (記事, 証言, 観察内容等) をひと言で言いあらわす小見出しをつけるしたら, どのような言葉がふさわしいだろうか？
・ここに書かれていることは, 一般的にはどのようなテーマについ

て述べているのか？

　たとえば，第2章や第3章であげた分析項目の「リーダーシップ」や「M&A」というのは，このような一般的・抽象的・理論的関心にもとづいて，対象となる文書全体のある部分につけられる分析的コードのラベルに他ならない。なおこれまで何度か述べてきたように，QDAソフトウェアやその解説書では，文書全体からひとつの意味のまとまりとして切り抜かれたテキストの特定部分のことを指して「**セグメント**（segment；断片，切片）」と呼ぶことが多い。したがって，本書でもこれ以降はほぼ一貫して，元の文書から切り出した文書の断片を指す用語として，「セグメント」ないし「**文書セグメント**」を使っていくことにする。

　なお，手書きの段階でのコーディングに関しては，コードのラベルとしてぴったりと当てはまるような言葉がなかなか思いつかなくてもそれほど気にする必要はない。そういう場合は，その時々に頭に浮かんだ言葉を，仮のラベルとしてそのまま書き込んでいってもかまわない。というのも，この段階で文書セグメントに書き込んでいく手書きのコードは，ごく初期の段階での手がかりにしか過ぎないからである。実際，後でQDAソフトを使ってコーディングをしていく段階では，何度となくコードにつけられるラベルの内容が変わったり，また新規にコードを設定した上でそれをつける必要があるセグメントが出てきたりすることも多い。さらに，分析モデルを構築したり再編集したりする作業の中で，コードの数自体が大幅に増えたり減ったりすることも稀ではない。

2　電子文書レベルでの予備的分析

文字列検索機能の利用
[文字列検索機能の概要]

　以上でみてきたのは，主にQDAソフトによる本格的なデータ分析の前段階としておこなわれる紙媒体の資料を対象とする作業の概要である。第6章以降の解説では，このような事前の分析を踏まえた上でおこなうコーディングと概念モデルの構築の作業が中心になるが，

QDAソフトには，その前段階として（あるいはそれらの作業と並行して）文書レベルでの分析をおこなうための機能が幾つか備わっている。それらの機能は，一つひとつの文書の意味についてより深いレベルで理解していく上で効果的であるだけでなく，コーディングや概念モデルの構築の際にも貴重な手がかりを提供することが少なくない。その種の機能のなかでも代表的なもののひとつが，文字列検索機能である。

　文字列検索機能それ自体は，Wordをはじめとする通常のワープロソフトにもごく普通の機能として付属しているが，通常の場合は，単一の文書ファイル内部での検索が中心になっている。これに対して，QDAソフトの文字列検索機能は，複数の文書ファイルにまたがって特定の文字列を検索したり，その出現頻度をカウントしたりすることができるところに独自の特徴がある。さらに，QDAソフトでは，「ヒット」した文字列のある箇所に瞬時に移動して，その文字列が埋め込まれている文脈の内容について確認することも，比較的容易にできる。

[文字列検索の実例]

　たとえば，図6・2は，MAXqdaの「語彙検索」という機能を使っ

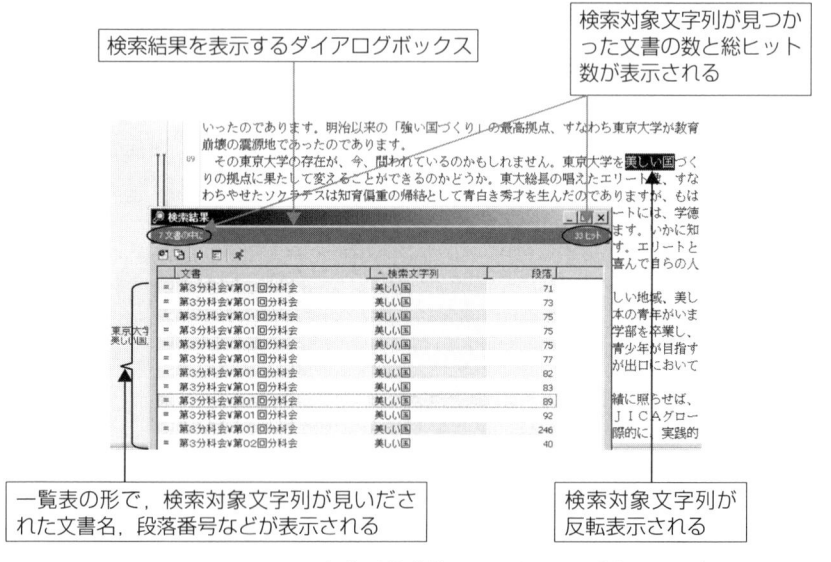

図6・2　MAXqdaの文字列検索機能の一例 ──「美しい国」

て、「教育再生会議」[1] 第3分科会の全15回に及ぶ会議の議事録を対象にして、「美しい国」という文字列を検索してみた結果の一部を示したものである。

検索結果を示す画面の上部にある表示を見ると、「美しい国」という文字列は、全15文書の内7文書に合計33カ所含まれていることが分かる。また、各行の右端にはそれぞれの文書のどの部分に、その文字列が含まれていたかが段落番号で示されている。

さらに、実際にこの「美しい国」という言葉が、それら33カ所のどのような文脈で使われているかという点について知りたい場合には、この一覧表形式のダイアログボックスで特定の行をクリックすればよい。そうすると、検索結果を示すダイアログボックスの周りに表示されているように、その文字列（反転表示されている）を含む文書が表示される。

このように、重要な意味を持つと思われる文字列を検索したり、その頻度を確認したり、あるいはまた特定の文字列（キーワード）が文書全体の文脈の中でどのような位置を占めているかについて確認していくことは、文字テキストの意味を理解する上できわめて重要な手がかりとなる。また、この文書自体の中に登場してくる言葉を中心にした作業は、第7章以降で解説していく、より抽象度の高い概念的カテゴリーを中心とするコーディングの前段階の作業になりうる。

文書メモの作成

QDAソフトを用いて質的データ分析をおこなうためにインタビュー記録などをあらためて読み返していると、文書の内容に触発されてさまざまなアイディアが浮かんでくることがよくある。同じように、上で述べた文字列検索などの作業をおこなっている最中に思いがけない発見をしたり、意外なパターンが見いだされることもある。このようなアイディアや発見をひと続きの文章として、文書に対する注釈ないしコメントのような形でこまめに書きとめておくことは、コーディングなどによる本格的な分析の前に文書レベルでおこなうべき予備的分析のひとつである。

QDAソフトには、多くの場合、その種の「文書メモ（Document Memo）」「引用（Quotation）」あるいは「注釈（Annotation）」などと呼ばれるコメントを付け加えるための機能が備えられている。

図6・3は，図6・2に示した検索の結果の1つについての簡単なコメントを「文書メモ」として書きとめたものである。図では，メモを新たに作成したり，既存のメモを編集したりするためのダイアログボックスが開かれた状態が示されている。通常は，文章閲覧用の画面の左の方に小さな付箋のような形で示されたアイコンだけが表示され，その箇所にメモがあることが示される。その，付箋の形をしたアイコンをダブルクリックすると，下図のようなダイアログボックスが開く。そして，メモの詳しい内容を改めて読んだ上でさらに編集を加えたり，印字したり文書ファイルとして書き出したりすることができるようになる。

① この部分をダブルクリックすると

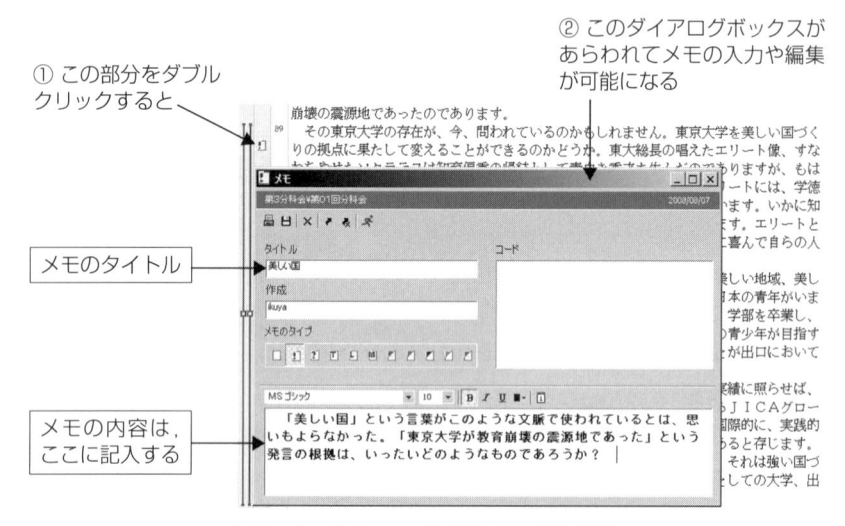

② このダイアログボックスがあらわれてメモの入力や編集が可能になる

メモのタイトル

メモの内容は，ここに記入する

図6・3　MAXqdaの文書メモ機能の例

　なお，メモに関しては，文書の特定箇所に貼り付けるだけでなく，文書全体に対して付けることもできれば，一つひとつのコードに付けることもできる。これらさまざまな種類のメモの中でも，コードに関するメモは，概念モデルを構築したり，あるいは論文や報告書全体のストーリーを構想していく際にも重要な意味を持つものである。これについては，第9章で「分析メモ」について取り上げる際に，あらためて詳しく解説する。

> **コラム** 文字列検索機能の応用例 —— 発言頻度分析など
>
> 　文字列検索機能については，上にあげた例のようにキーワード的な言葉を探し出したり，その出現頻度についてチェックしたりするだけでなく，ちょっとした工夫によってさまざまなタイプの分析が可能になる。たとえば，グループインタビューの記録などについては，「★佐藤」「★鈴木」などのように，発言者の名前の先頭に特定の記号をつけるなどといった工夫をほどこしておけば，参加者の発言の頻度や発言内容などについて効率的にチェックすることができるだろう。
>
> 　同じような工夫によって，会議の議事録などについて，参加者の「出欠表」を作ったり，特定の参加者による発言の頻度やその内容についてチェックすることもできる。たとえば，本書の姉妹編である「QDAソフトウェア入門」を掲載してあるウェブサイトからは，本章でも例としてあげた教育再生会議の議事録をMAXqdaを用いて分析したプロジェクトファイルがダウンロードできるが，そのファイルには，そのようなテクニックを使って明らかにした，各委員の分科会への「出欠表」が含まれている。

第7章 コーディングと概念モデルの構築

1 コードの無限増殖と概念モデルの構築

　第2章から第4章にかけてみてきたように，紙のカードに索引用コードを筆記用具で記入する場合にせよ，QDAソフトを使う場合にせよ，コーディングは，質的データ分析におけるデータベース化とストーリー化にとって最も重要な意味を持つ手順である。一種の目印としてのコードがつけられることによって，セグメントは，もともと埋め込まれていた文字テキストの文脈から自由になり，論文や報告書という新しい文脈に組み込んでいくための「部品(パーツ)」として扱うことができるようになる。また，QDAソフトを使えば，コーディングの際にセグメントに付与された情報を手がかりにして，セグメントを含む元の文脈を参照することもきわめて容易にできる。

　QDAソフトを使用した場合，文書セグメントにコードを割り当てたり，セグメントが置かれていた文脈に関する情報を付与しておいたりすることは，それほど難しい手順でもなければ面倒な作業でもない。実際，紙のカードでコーディングをおこなう場合と比べて，QDAソフトを使った電子的なコーディングでは，はるかに迅速かつ容易に，ほとんど「ワンクリック」に近い感覚で作業をおこなうことができる。もっとも，そうやって作成してきたコードを元にして概念モデルを構築する手順となると，少し違う話になってくる。実際，QDAソフトにおけるコーディングの容易さは，他方では，コードの無制限な増殖に結びついていくことが多く，その結果として，ストーリー化の段階になって収拾がつかなくなってしまう可能性が高い。コードとコードのあいだの関係を整理して，1つのまとまったストーリーを組み立て

ていくためには，データ分析の比較的早い段階から何らかの概念モデルを念頭においておかなければならない。

2 コード割り当ての手順

QDAソフトを使って特定の文書セグメントにコードを割り当てる作業には，何通りかの方法がある。通常，コーディングは，マウスの左ボタンをクリックしながら，文字テキストの特定部分を反転させてセグメントを指定する手順から始まる。次にくるのは，その指定したテキストにコードを割り当てる手順であるが，それには何通りかの方法がある。

下に示したのは，その中でも代表的な，〈ダイアログボックスとして表示されるコードのリストから特定のコードを選択する〉という手順を，ATLAS.tiの場合について示したものである。

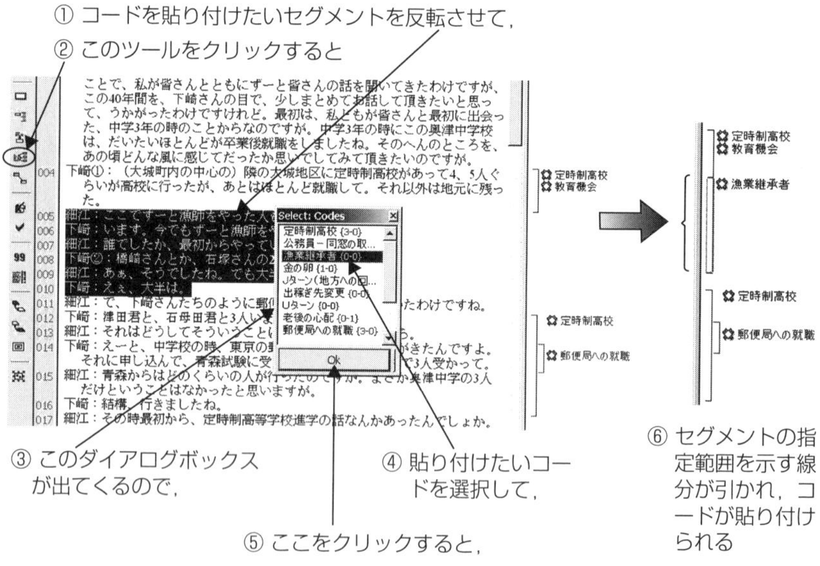

① コードを貼り付けたいセグメントを反転させて，
② このツールをクリックすると
③ このダイアログボックスが出てくるので，
④ 貼り付けたいコードを選択して，
⑤ ここをクリックすると，
⑥ セグメントの指定範囲を示す線分が引かれ，コードが貼り付けられる

図7・1　コードリストを使ってコーディングする（ATLAS.ti）

MAXqdaの場合も，同じような作業を「コードバー」というダイアログボックスを使っておこなうことができる（詳しくは，「QDAソフト

ウェア入門」の「能率的なコーディング」参照)。

　コーディングについては，この他にも，さまざまなやり方がある。たとえば，MAXqda や NVivo の場合には，〈テキスト部分を反転表示させた上で，そのまま左ボタンを押しながら「ドラッグ＆ドロップ」方式で，ツリー構造の形式で表示されているリストの中の特定のコードのところに持っていってボタンから指を離す〉という方法でも，コードを割り当てることができる。

　なお，図7・1にあげた例では，一番上のセグメントに対しては「定時制高校」と「教育機会」という2つのコードが割り振られているが，このように，QDA ソフトでは，同じ箇所に複数のコードを貼り付けることができる。また，一番下のセグメントのように，「入れ子」のような形で，最初のコード(「定時制高校」)をつけた部分のセグメントの一部分だけに別のコード(「郵便局への就職」)を付けることもできる。なお，このように入れ子になった複数のコードについては色分けしておくと，区別がつけやすい。QDA ソフトでは，そのような用途のための色分けも簡単にできる。

3　帰納的コーディングと演繹的コーディング

　上にあげたのは，既にある程度出来上がっているコードのリストを利用して，特定のセグメントにコードを割り当てるやり方である。QDA ソフトでは，この他に，〈文書を読み込んでいる最中に新たに思いついたコードをセグメントに貼り付けながら，同時に，その新規のコードをリストにつけ加えていく〉という事も比較的容易にできる。このように，複数の作業を同時並行的におこなえるという点は，まさに第4章で指摘した，QDA ソフトのインタラクティブ性という特長の一つをよく表している。

　出来合いのコードだけではなく，文字テキストを読み取っていくなかで，データそれ自体の中から浮かびあがってきたコードを活用するというのは，質的データ分析のコーディングにおけるきわめて重要な手順であると言える。実際，第2章と3章で述べたことからも明らかなように，質的データ分析における「定性的コーディング」は，アンケート調査（サーベイ）などで実施する「定量的コーディング」の手

順とは対照的に，かなり**帰納的な性格**が強い。

　実際，定量的コーディングは，既存の理論的枠組みを元にして作成された出来合いのコードリストを元にして，データに対して「天下り式」かつ機械的にコードをあてはめていく，という意味で**演繹的な性格**が強い。これに対して，質的データ分析の場合には，文字テキストに含まれている意味を読み取りながら，その意味に対応するラベルとしてのコードを，いわば「ボトムアップ式」ないし「たたき上げ式」に作成していくことが多いという意味では，帰納的なアプローチとしての性格が濃厚なのである（この点については，第10章でさらに詳しく解説する）。

　もっとも，質的データ分析における，帰納的コーディングと演繹的コーディングの区別というのは，あくまでも相対的なものである。実際，質的研究の場合に限らず，何らかの実証研究をおこなう際に，「理論からはじめるか，データ（実証）からはじめるか」という二者択一式の選択は，とかく不毛な議論になりがちである（この点について詳しくは，『質的データ分析法』第7章参照）。また，上でみたように，QDAソフトでは，既存の理論的枠組みを背景としたコードのリストを利用するだけでなく，そのリストを比較的自由に改変できるような設計になっている。つまり，分析作業の進展状況に応じて演繹的アプローチと帰納的アプローチを柔軟に併用できるようになっているのである。

4 概念モデルとしてのツリー構造と「索引」としてのコードリスト

概念モデルとしてのツリー構造

　図3・1にあげたMAXqdaの左下の画面に示されている，複数のコード間の関係を階層的な形式で表示したツリー構造は，演繹的コーディングと帰納的コーディングのどちらのアプローチを採用する場合でも利用することができる。

　そもそも，このツリー構造というのは，基本的には，次の3種類の作業を何度か繰り返していくことによって出来上がっていくものである。

- **グループ分け** —— 何らかの点で似ていると思われるものを1つのカテゴリーに属するものとして「くくり出して」，そのカテゴリーに名前を付ける
- **細分化** —— あるカテゴリーをそれに属するより小さな単位のカテゴリーに「小分け」していく
- **順序づけ** —— 何らかの基準（序列，時間的前後関係など）でカテゴリー間の上下関係ないし前後関係を決める

　この3つの手順の組み合わせと繰り返しによって出来上がるツリー構造をコードの整理と体系化の作業に適用すると，多数のコードの多様性を保持することができるだけでなく，その一方で，より上位の概念的カテゴリー間の関係について大づかみにとらえることもできるようになる。

　MAXqdaとNVivoは，コード間の関係から構成される概念モデルをツリー構造で表示する代表的なQDAソフトである。これらのソフトでは，ツリー構造は，実際に文字テキストデータを分析する以前の段階で，仮の概念モデルとして作成しておくことができる。この場合は，何らかの理論的枠組みにもとづいてツリー状の階層として体系化されたコードのリストを作り，コーディングの際には，それを適用していくわけであるから，演繹的な性格がかなり濃厚であると言える。

　もっとも，その一方で，QDAソフトを使って作成されるツリー構造のコードリストは，データ分析の結果にもとづいて自由に再構築していくことができる。また，ツリー構造については，特定の理論的枠組みを前提とせずに，いわば「白紙」に近い状態から構築していくことも可能である。その意味では，コードのツリー構造で表示される概念モデルは，帰納的アプローチと演繹的アプローチ双方の発想を併用した利用が可能なのだと言える。

　そして，このような帰納，演繹という両方向から質的データの分析をおこなっていく上できわめて重要な意味を持つのは，QDAソフトの場合には，コードが割り当てられた文書セグメント，あるいはセグメントそれ自体がもともと埋め込まれていた文脈を必要に応じて即座に参照できる，という点である。この点については，第8章でセグメ

ントの検索と表示について解説する際に，詳しく見ていくことにする。

索引としてのコードリスト

　QDAソフトで作成されるコードリストには，概念モデルとしてだけではなく，コード（概念的カテゴリー）の索引としての機能を持たせることもできる。

　コードの数がかなり増えてきた場合には，どのような名前のコードがあったのかよく分からなくなってしまうこともよくある。結果として，同じような内容のコードが際限なく増えてしまいかねない。この点，ツリー構造のような形式でコードを整理しておけば，コード間の関係を手がかりにして，それほど手間と時間をかけずに特定のコードを見つけ出すことができる。

　もっとも，コードの数がさらに増えていくと，ツリー構造自体が膨大な規模のものになり，目的のコードを探し出すのがかなり困難になる場合もある。この問題を解決するための手段のひとつに，まさに本の索引の場合と同じような項目の順番，つまり50音順にコードを配列しておく，というやり方がある。

　ほとんどのQDAソフトには，このような目的でコードを配列し直すための「ソート（並べ替え）機能」がついている。ただし，代表的なQDAソフトはすべて海外製であり，並べ替えはアルファベット順（あるいはその逆順）が基本になっており，日本語表記では，ソート機能を使った場合に配列がメチャクチャなものになってしまう可能性がある。

　その点，MAXqdaに関しては，コード名にちょっとした工夫を加えることで，おおよそ50音順の並べ替えが可能になっている。その工夫というのは，コードの先頭にそのコードの読みの平仮名2文字分をつけておくことである。図7・2には，そのやり方を適用して，「QDAソフトウェア入門」にあげた分析例のコードをほぼ50音順に並べ替える際の手順を示しておいた（さらにコードの数が増えた場合の配列の仕方については，「QDAソフトウェア入門」の「コードシステムの構成法」参照）。

① ここを右クリックして，

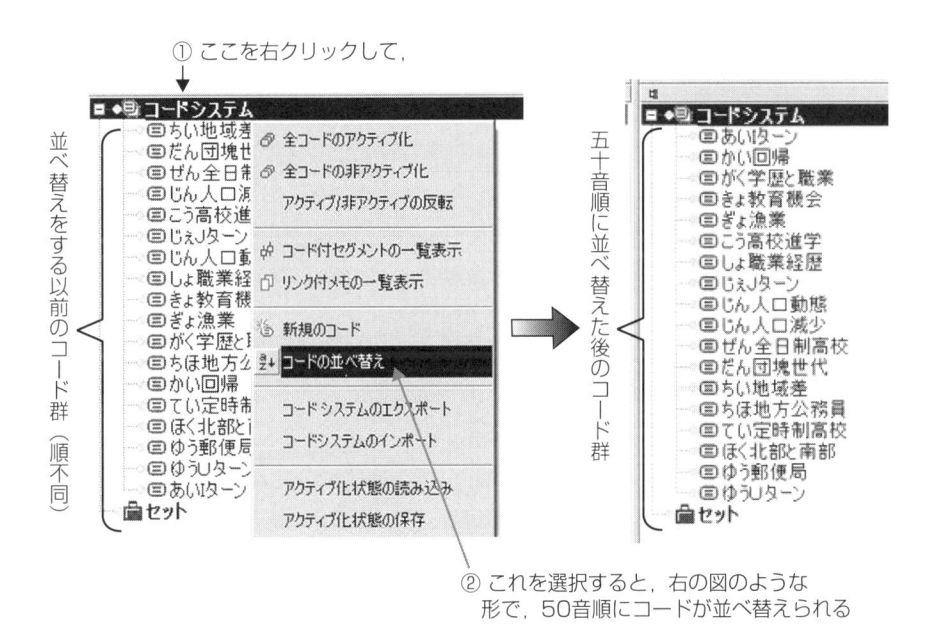

図7・2　コードを50音順に並べ替える（MAXqda）

② これを選択すると，右の図のような
形で，50音順にコードが並べ替えられる

5　概念モデルとしてのダイアグラム（図解表示）

　ツリー構造は，コードを中心とする概念モデルを構築する上できわめて有効な手段であるが，ほとんどのQDAソフトでは，1つのデータセットに対しては1個のツリー構造しか設定できない。また先に指摘したように，コードの数が増えていくとツリー構造それ自体が長大なものになり，全体の構図を見渡したり，特定のコードを探し出したりするのが困難になってくることも少なくない。

　多くのQDAソフトに付属機能あるいは追加機能として提供されているダイアグラム機能の場合には，ツリー構造に特有のこれらの問題を全く気にかけずに概念モデルを作成することができる。というのも，ダイアグラムの場合には，1つのデータセットに対して複数の概念モデルを設定できるだけでなく，コードのごく一部だけを使って視覚的な概念モデルを作ることもできるからである。

　図7・3は，その一例として，MAXqdaの図解機能を使って作成し

た概念モデルのひとつをダイアグラム形式で表示したものである。

ダイアグラム形式による
概念モデルの表示

インタビュー記録の原文
(指定したコードに該当する
文書セグメントが反転表示さ
れている)

ダイアグラムの中の特定の
コードに該当するセグメン
トを表示することができる

図7・3　ダイアグラムによる表示（MAXqda）

　この例に見るように，ダイアグラム方式は，基本的には，複数のコードないし概念的カテゴリー同士の関係を図形や矢印あるいは線などでつないで表現するものである。ツリー構造のような表示とくらべて，このような方式による図解には，複数のコードや文書セグメントあるいは文書それ自体のあいだに存在すると思われる，より複雑な関係について表示できるという大きなメリットがある。

　このような特徴を持つダイアグラム的な図解方法それ自体は，多くの人々にとっては，質的データ分析に限らずさまざまな分野の概説書

や入門書，あるいは PowerPoint をはじめとするプレゼンテーションソフトにおける図解表示などできわめてなじみ深いものであろう。また，概念モデルに関するこのようなタイプの図解法は，複数のコードのあいだの関係を図示するという点では，KJ 法などとよく似ているとも言える。

ただし，QDA ソフトに含まれている図解機能には，それらの図解表現にはない，大きな利点もある。それは，単にコード同士の関係を視覚的に表示するだけでなく，コードに対応する文書セグメントや文書セグメントが埋め込まれている文書全体の文脈を瞬時に参照することができる，という点である。その点こそは，まさしく，質的研究の特性である「インタラクティブ性」を十分に生かしていく上で QDA ソフトが持っているひとつの大きなメリットなのである。

6 紙のカードの併用

以上で見てきたように，QDA ソフトを使うことによって，紙のカードやノートだけでは到底なし得ないような，きわめて柔軟でインタラクティブな質的データ分析が可能になる。しかし，だからといって，全てのデータ分析の作業をコンピュータ上でおこなおうとすると，かえって自由なアイディアが生まれにくくなったり，発想の幅が狭くなったりしてしまう可能性がある。そのような時には，むしろ「紙と鉛筆」を活用して，電子的な情報処理とは違う形で手を動かしてみると効果的であることが少なくない。

たとえば，帰納的なアプローチで思いつくままに生み出していった無数のコードを集約して，いくつかのより中核的な概念的カテゴリーとしてまとめるような作業の際には，それらのコードをそれぞれ 1 枚のカードに記入したものを使って KJ 法的に処理した方が能率があがる場合が多い。同じように，上で見たダイアグラム形式の概念モデルにしても，最初からコンピュータで入力するよりは，むしろ紙と鉛筆を使ってフリーハンドで描いてみた方が，作業の自由度が高い場合が多い。

つまり，質的データ分析にあたっては，「紙媒体か電子媒体か」というような二者択一的な発想にとらわれずに，試行錯誤を通して自分

にとって最も相性のよい方法を探し当てていくべきなのである。QDAソフトは,たしかに質的研究のインタラクティブ性と柔軟性をさらに高めていくための有効な手段のひとつではある。しかし,何でもかんでも電子的な処理で済ませようというような発想でとりかかると,逆に硬直的なデータ処理法のワナに陥ってしまう恐れがあるのである。

第8章 コード付セグメントの検索とさまざまなタイプの比較分析

1 データベース・ソフトとしての QDA ソフトウェア

　前章で解説したコーディングの手順を経て概念モデルを構築し，さらにそれを論文や報告書の作成，すなわち「ストーリー化」にまで結びつけていくためには，同じコードが割り当てられた複数のセグメント同士を比較したり，コードとセグメントの内容を比較検討していく作業が，きわめて重要な意味を持つ。また，複数のコード間の関係が，それぞれのコードに該当するセグメント同士を比較する作業を通して明確なものになってくることも多い。実際，その何通りもの比較のプロセスを通して，コード（概念的カテゴリー），データ（文字テキスト），事例という3者のあいだの関係は，徐々に明らかになっていくものである。そして，それらの比較分析の作業は，最終的に書き上げていくことになる質的レポートの骨格が浮かびあがらせていくプロセスでもある。

　本書で「データベース化」と呼んでいるプロセスは，そのような，**多重の比較分析**をおこなうための出発点となる手続きである。また第2章でも述べたように，一種のデータベース・ソフトとしての性格を持つ QDA ソフトの場合，情報検索と情報抽出における効率性は，カードなどを使った紙媒体のデータベースとはくらべものにならないほど高いものである。事実，QDA ソフトを使えば，特定のコードを割り当てられた多数の文書のセグメントを瞬時に検索した上で，モニター上に表示したり印字したりすることができる。

　もっとも，**QDA ソフトを質的データ分析のために十分に使いこなしていくためには**，定性的コーディングのプロセスを経て形成される，

文書セグメントを基本的な情報単位とするデータベースが持ついくつかの**本質的な性格について理解しておかなければならない**。その点についての理解が中途半端なものにとどまっている限り，それらの，モニター上あるいは印刷用紙上に表示される多量の情報は，無意味な文字の集積とほとんど変わらないものになってしまいかねない。

　実際，QDAソフトを使い始めたばかりのユーザーが陥りがちなのは，特定のコードに対応するセグメントの検索はうまくいったものの，それが最終的に書き上げようとしている論文や報告書の執筆になかなか結びついていかない，という事態なのである。

2 「文書-コード・マトリックス」

　QDAソフトのコーディング機能によって作成される文字テキストのデータベースは，図8・1のような構成になっていると考えることができる。

	コード1	コード2	コード3	コード4	コード5	……	……
文書1（事例1）							
文書2（事例2）							
文書3（事例3）							
文書4（事例4）							
文書5（事例5）							
……							
……							

図8・1　文書-コード・マトリックス

　この図に示した表では，個々の文書が横軸，それぞれのコードが縦軸となっており，また一つひとつのセル（マス目）が文書セグメントに該当する。このような表を，「文書－コード・マトリックス」と呼ぶことができる。

　質的データ分析の結果として構成される文字テキストのデータベースを文書－コード・マトリックスのようなものとしてとらえた場合，個々の文書は，さまざまなコードに対応するセグメントの集合体のようなものとして扱われることになる。実際，図2・1（17ページ）と図

2・2（18ページ）に示したセグメント化とデータベース化のプロセスを経た場合，それぞれの文書は，セグメントごとに切り離された，ひと揃いのカードの束のようなものとして見なすことができるようになる。図8・1は，そのカードの束をさらに，文書を横軸，コードを縦軸にして整理し直したものだと言える。

そして，たとえば個人を対象とする事例研究などで，一つひとつの文書がそれぞれ1人の対象者についておこなったインタビューの記録になっている場合には，個々の文書と事例のあいだには，一対一の対応が成立することになる（文書と事例のあいだには，もう少し複雑な関係が成立していることも多い。これについては，『質的データ分析法』補章参照）。この場合，文書 – コード・マトリックスは，一つひとつの事例に対してさまざまな概念的カテゴリー（コード）という切り口から光を当てて分析していくための手がかりを提供することになる。

3 QDA ソフトにおける比較分析の概要

さまざまな比較分析の相対的位置づけ

文書 – コード・マトリックスは，異なるタイプの比較分析のあいだの違いや，相対的な位置づけについて理解する上でも，重要な手がかりとなる。

図8・2は，文書 – コード・マトリックスを使って，以下にあげる，質的データ分析においておこなわれる比較分析の中でも代表的な4つ

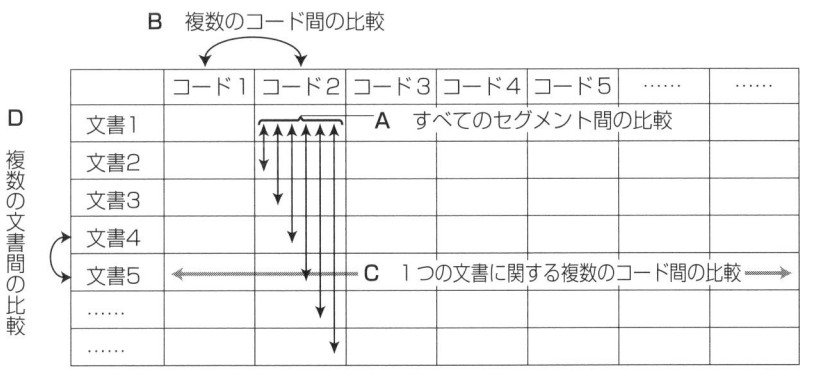

図8・2　文書 – コード・マトリックスと多重比較

のタイプの比較の相対的な位置づけを図示したものである。

A 同一のコードを割り当てたすべての文書のセグメント間の比較
特定のコードに対応する概念的カテゴリーの意味内容をそのコードが割り当てられたすべての文書セグメントを比較しながら掘り下げていく。

B 複数のコード間の比較
複数の概念的カテゴリー（コード）同士の関係を，それぞれの概念的カテゴリーに対応するすべての文書セグメントの内容を手がかりにしながら解き明かしていく。

C 1つの文書（事例）に割り当てられたすべてのコードの比較
特定の文書（事例）に含まれる意味の構造について，複数の概念的カテゴリー（コード）に対応する文書セグメントの内容を手がかりにして解明していく。

D 複数の文書に関するすべてのコードの比較
複数の事例間の類似性や相違について，複数の概念的カテゴリーに対応する文書セグメントの内容を手がかりにして解明していく。

4種類の比較分析の実例

このうち，Ａタイプの比較分析は，質的データ分析のなかでも最もよく見られるものである。たとえば，第2章であげた例でいえば，「業界再編」というコードの内容を，さまざまな企業合併などの事例に関する新聞記事のセグメントを元にして掘り下げていく場合などが，これにあたる。

Ｂタイプの比較分析は，概念モデルを構築したり再構成したりする際に欠かせないものである。典型的な例としては，第7章の図7・3 (82ページ) のようなダイアグラム形式で表示した概念モデルを，それぞれのコードに対応するセグメントの内容について改めて検討しながら練り上げていく場合などがあげられる。

ＣとＤのような分析の場合には，特定の概念あるいは複数の概念間の関係というよりは，個別の事例について，コードに対応する概念的カテゴリーというレンズを通して理解することに焦点が置かれることが多い。

たとえば，文書5が，特定の企業のM&Aをめぐる動向を扱った記

事であれば，Cタイプの分析では，「業界再編」や「経営再建」などの概念を通して，あらためてその記事を読み直してその企業の事例について理解することが重要になる。また，文書4が別の企業に関する，やはりM&Aをめぐるさまざまな出来事を扱った記事であったとすれば，Dタイプの分析をおこなうことで，2社の事例をめぐるM&Aについてさらに理解を深めたり，それぞれの記事が掲載された当時の業界全体の動向を明らかにする上での手がかりをつかむことができるだろう。

4 QDAソフトにおける操作例

どのようなタイプの比較分析をおこなう場合にせよ，QDAソフトを使えば，その分析にとって必要となる文書セグメントを瞬時に探し出してモニター上に表示させたり，用紙に印刷したりすることができる。また，いったん表示させたいくつかの文書セグメントをひとわたり眺めていく中で浮かんできたアイディアを生かして，即座に別の種類の分析に移行することもできる。

たとえば，図8・3は，3章で図3・1としてあげたMAXqdaの画面

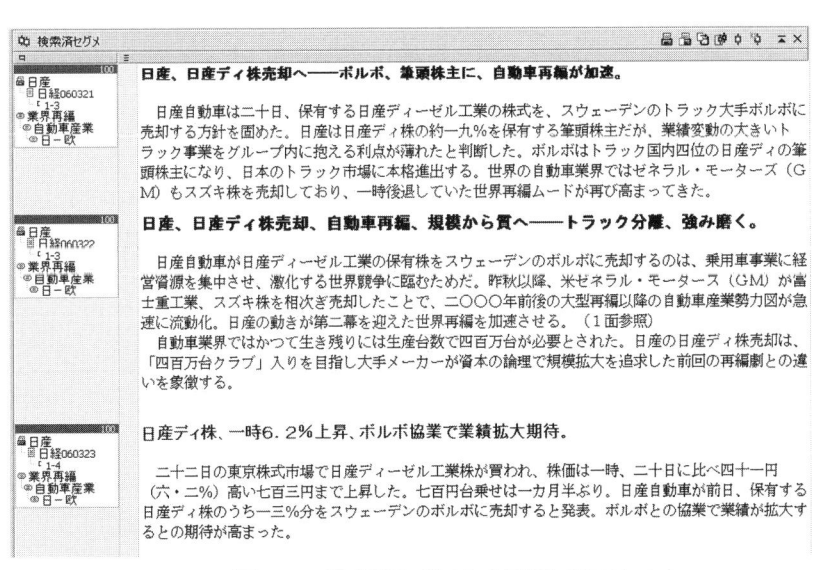

図8・3　検索済セグメント画面（MAXqda）

（39ページ）を構成する4つの画面のうち，「検索済セグメント画面」を拡大して示したものである。これは，上のタイプ分けで言えば，Aタイプ，すなわち，「日－欧」という特定のコードが割り振られたすべての文書のセグメントを表示させたものでもある。

MAXqda の場合，このような形での検索と表示をおこなうための手順は，きわめて単純なものである。つまり，下の図8・4に示したように，文書についてはすべてを，また，コードについては「日－欧」という1つのものだけについて，それぞれ該当箇所をクリックすることによって「アクティブ」状態にすればよいのである。

また，この検索結果を見て，新たにたとえば「日－欧」と「経営再

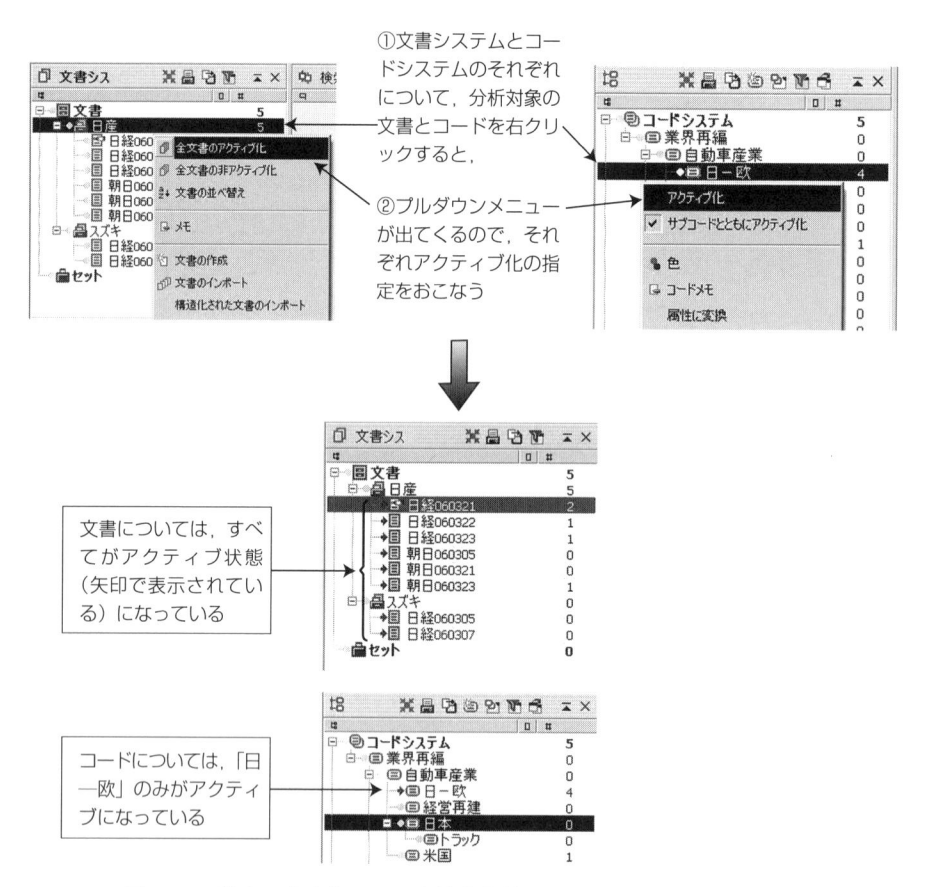

図8・4 特定の文書とコードを検索条件として指定する（MAXqda）

建」というコードの関係についても検討してみたいと思ったとする。つまり，今度はBタイプの分析をおこなうのである。その場合は，「経営再建」というコードについても同じような手順でアクティブ状態にすればよいだけである。

　MAXqdaだけでなく，他のQDAソフトについても，これと同じように，ある条件に合うセグメントだけを検索・表示させたり，検索条件を変えて別のセグメントを検索ないし表示させたりすることは，比較的容易にできる。実際，このような点が，質的データ分析にQDAソフトを導入することの最大の意義のひとつであると言える。

5 戦略的な比較分析をめざして

コードと文書（事例）の組合せパターン

　図8・2には代表的な4つの比較分析の相対的な位置づけだけを示したが，当然のことながら，コードと文書（事例）に関しては，この他にも何通りもの組合せがありうる。実際，コードと文書の両方について，①1つ，②いくつか，③すべて，という3通りのパターンがあることからすれば，両者の単純な組合せのパターンは3×3で，全部で9通りになる。次ページの表8・1は，その9通りの組合せを一覧表にしたものであるが，これで見ても，図8・2に示した4つのタイプの比較分析は，何通りもの組合せのうちの一部でしかない事が分かる。

　先に述べたように，QDAソフトは，表8・1にあげたようなさまざまなタイプの比較分析をきわめて効率的におこなう事を可能にしてくれる。その効率性を生かせば，研究の進展状況に応じて各種の比較分析を使い分けていくこともできるようになる。

　たとえば，表8・1の一番上にあげた〈すべてのコード×すべての文書〉という組合せは，データ分析も最終局面に入って，すべての文書（事例）についてすべてのコードに該当するセグメントを一覧表示してみることによって，論文や報告書のストーリーラインを浮きぼりにしていく際などに，特に有効な比較分析のパターンであると言えよう。それに対して，表のちょうど真ん中あたりにある〈いくつかのコード×いくつかの文書（事例）〉という組合せは，研究の中間段階に

表8・1　コードと文書の組合せのパターン

コード	文書(事例)	比較分析の適用例	図8・2でのタイプ名
すべて	すべて	データ分析の最終局面で報告書のストーリーラインを模索する	―
すべて	いくつか	複数の事例間の類似性や相違を概念レベルで明らかにしていく	D
すべて	1つ	特定の1事例の特徴を概念レベルで明らかにしていく	C
いくつか	すべて	概念間の関係について、一般的なパターンを割り出していく	B
いくつか	いくつか	特定の概念間の関係をそれぞれの概念に関係の深い事例を元にしてモデル化する	―
いくつか	1つ	例外的な事例を中心にして概念間の関係についてさらに掘り下げて検討する	―
1つ	すべて	特定の概念的カテゴリーの意味内容について掘り下げていく	A
1つ	いくつか	複数の事例の比較を通して、概念的カテゴリーの意味内容についてつめていく	―
1つ	1つ	例外的な事例を中心にして特定の概念の妥当性について掘り下げて検討する	―

おいて有効であるかも知れない。つまり，特定の概念的カテゴリーのあいだの関係を，特にそれと関係の深いケースに該当するいくつかの文書のセグメントをとりあげて分析することを通して，仮説的な概念モデルを構築していくのである。

比較分析における戦略的アプローチ

どのようなタイプの比較分析をおこなう場合にせよ，QDAソフトの検索機能を使ってデータ分析をおこなう際には，〈自分が現在，何を目的として，どのようなタイプの比較分析をおこなおうとしているのか〉という点について明確に認識しておく必要がある。さもないと，相互に関連のありそうな多数のセグメントが表示されてはいるものの，それを元にしてデータ全体を統一的に説明できるような概念モデルやストーリーを導き出すことができない，という事態に陥りかねない。実際，それは，QDAソフトを使い始めたばかりのユーザーによく起こりがちな状況なのである[1]。

そのような事態を防ぐためには，まず，〈自分がセグメントの検索を通しておこなおうとしている作業が，図8・1のような文書－コード・マトリックスではどのように位置づけられるのか〉という点について確認する必要がある。また，〈表8・1に示した，コードと文書ないし事例の組合せで言えば，どのようなパターンに該当するのか〉という点についても認識しておく必要があるだろう。

6 検索済みセグメントの画面表示と印刷

同一のコードを割り当てた文書セグメントを一覧する作業は，図8・3のように，モニターの画面上でも十分に可能である。もっとも，文書やセグメントの数が増えてきた場合には，むしろ，紙の上に検索済セグメントを印刷した上で読み通していく方が能率的に仕事が進められることが多い。

QDAソフトには，たいてい，検索済みの文書セグメントを直接印字するための機能がついている。また，検索済セグメントは，リッチテキストファイルなどの形で外部ファイル出力することもできるので，それをワープロソフトなどを使ってより読みやすい形に整形した上で印字することもできる。さらに，MAXqdaの場合は，検索済セグメン

コード	文書	セグメント
業界再編\自動車産業\日―欧	日経060321	日産、日産ディ株売却へ――ボルボ、筆頭株主に、自動車再編が加速。 日産自動車は二十日、保有する日産ディーゼル工業の株式を、スウェーデンのトラック大手ボルボに売却する方針を固めた。日産は日産ディ株の約一九％を保有する筆頭株主だが、業績変動の大きいトラック事業をグループ内に抱える利点が薄れたと判断した。ボルボはトラック国内四位の日産ディの筆頭株主になり、日本のトラック市場に本格進出する。世界の自動車業界ではゼネラル・モーターズ（GM）もスズキ株を売却しており、一時後退していた世界再編ムードが再び高まってきた。
業界再編\自動車産業\日―欧	日経060322	日産、日産ディ株売却、自動車再編、規模から質へ――トラック分離、強み磨く。 日産自動車が日産ディーゼル工業の保有株をスウェーデンのボルボに売却するのは、乗用車事業に経営資源を集中させ、激化する世界競争に臨むためだ。昨秋以降、米ゼネラル・モーターズ（GM）が富士重工業、スズキ株を相次ぎ売却したことで、二〇〇〇年前後の大型再編以降の自動車産業勢力図が急速に流動化。日産の動きが第二幕を迎えた世界再編を加速させる。（1面参照） 自動車業界ではかつて生き残りには生産台数で四百万台が必要とされ、「四百万台クラブ」入りを目指し大手メーカーが資本の論理で規模拡大を追求した前回の再編劇との違いを象徴する。
業界再編\自動車産業\日―欧	日経060323	日産ディ、一時6.2％上昇、ボルボ協業で業績拡大期待。 二十二日の東京株式市場で日産ディーゼル工業株が買われ、株価は一時、二十日に比べ四十一円（六・二％）高い七百三円まで上昇した。七百円台乗せは一カ月半ぶり。日産自動車が前日、保有する日産ディ株のうち一三％分をスウェーデンのボルボに売却すると発表。ボルボとの協業で業績が拡大するとの期待が高まった。

図8・5 検索済セグメントのExcel形式での印字例

（図8・2および表8・1にあてはめて言えば，Aタイプ，つまり〈1つのコード×すべての文書〉の比較分析にあたる）

トやその一部を，Excelなどの表計算ソフトのファイルに変換して一覧表の形で表示させたり，印字することもできる。図8・5は，それを図8・3にあげた検索済セグメントについて示したものである（具体的な手順については，「QDAソフトウェア入門」の「検索済セグメントの表示と事例－コード・マトリックス」参照）。

第7章でコーディングと概念モデルの構築の作業について解説した際の指摘と同じような点ではあるが，検索済セグメントの分析についても，すべてを電子的な作業で済ませようとはせず，むしろ紙と筆記用具を使って手を動かしてみると，発想の幅が広がったり，分析のレベルが深まったりしていくことが少なくない。実際，ワープロの文書や一覧表の形で印字した一連の文書セグメントを見渡しながら，関連のありそうなもの同士を線でつないでみたり，あるいは手書きでコメントを書き込んでいったりする中で新しいアイディアが浮かんでくることはよくあるものである。そのような作業を試行錯誤を通して繰り返していくことが，ひいては，戦略的な比較分析に結びついていくのである。

コラム　セグメントが大きすぎて全体のパターンが読み取りにくい時には……

上で述べたように，検索済セグメントを紙の上に印字すると，図8・3のような画面表示を見ただけでは読み取ることが難しい全体的なパターンが浮かびあがってくる場合がよくある。しかしながら，文書セグメントの数が増えてきたり，個々のセグメントのサイズが大きかったりすると，印字したものを眺めても，全体像がなかなか見えてこないことが多い。

そのような場合には，セグメントそのものではなく，その要約版を作成した上で，一覧してみる，という方法が考えられる（要約版の文書－コード・マトリックスないし「事例－コード・マトリックス」については，『質的データ分析法』第8章および「QDAソフトウェア入門」の「検索済セグメントの表示と事例－コード・マトリックス」参照）。

たとえば，図8・5のようなExcelファイルが利用できる時には，セグメント用の欄の隣に新たにそれぞれのセグメントの要約を記入するための欄を設けて入力していけばよい。要約の入力が終わったら，その要約用の欄だけを別に印字して眺めてみると，全体的なパターンが浮き彫りになってくることがよくある。

そのようにして個々のセグメントの文章についてその要約を作成していく作業は，一見，それ自体が，かなり手間のかかる非効率的な作業のように思えるかも知れない。しかし，実際には，要約の作成は，それぞれのセグメントが持つ意味について分析を深めていく上できわめて効果的なプロセスになりうるのである。

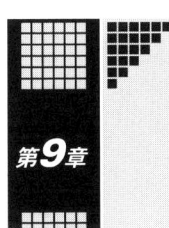

第9章 分析メモの作成とストーリー化

1 分析メモの概要

　第2章で質的データ分析における脱文脈化と再文脈化の作業の概要について解説した際に述べたことからも明らかなように，定性的コードは，「ストーリー化」と「脱文脈化」では，それぞれ正反対の役割を演じることになる。

　脱文脈化の場合には，オリジナルの文書テキストに小見出しとしてのコードを割り当てて文書セグメントをもともとの文脈から切り離していった。これに対して，ストーリー化の作業では，その，最初は脱文脈化のために割り振ったコードを，今度は報告書の章や節の構成を考え，また本文の中に引用すべき文書セグメントの配置を考えていく際の重要な手がかりとして用いることになる。また，言うまでもなく，コードは，論文や報告書の骨格となる概念モデルを構築していく際には，その基本的な素材となるものでもある。

　報告書や論文のプロットやストーリーの構想や概念モデルの構築にあたって定性的コードを用いる際に心がけておきたいのは，それらの作業をおこなう最中に浮かんできたアイディアを折りにふれて文章化しておくことである[1]。第6章では「文書メモ」の役割について解説したが，データ分析における各種の作業の中で浮かんできた着想を書きとめた「**分析メモ**」などと呼ばれる文章は，最終的に書き上げていく論文や報告書のひな型になりうるものである。

　そして，QDAソフトには，文書メモや「コードメモ」をはじめとする，さまざまなタイプの分析メモを，他の分析作業をおこなうかたわらインタラクティブに作成したり印字したりできるようにするため

の機能が備えられている。

2 分析メモの種類と QDA ソフトの操作法

分析メモのうち代表的なものには，**コードメモ**，**理論的メモ**，**方法論的メモ**の3つがある。これらのメモは，いずれの場合も，分析作業のあいだに浮かんできたアイディアをさらに深く掘り下げ，また新しいアイディアを生み出していく上で重要な役割を果たしていくことになる。

コードメモ

コードメモは，一つひとつのコードについて，その簡単な定義や実際の適用例などについて記録しておくための分析メモである。第7章で述べたように，コードの数が次第に増えてくると，それぞれのコードにどのような意味を込めていたかという点などについて記憶があやふやになってくることがある。コードメモは，その問題に対処する上で非常に有効な手段である。その意味では，コードメモには，そのコードの特徴を典型的に示す文書セグメントないしその一部を貼り付けておいてもいいだろう。

コードメモの意義は，単に備忘録としてのものにとどまらない。それぞれのコードに盛り込んだ意味内容について，そのコードを割り当てた文書セグメントを参照しながらひと続きの文章で書き留めていく作業は，コードの意味について掘り下げて考察していく上ではかり知れない価値を持つのである。特に，概念モデルを構築していく際には，いくつかのコードを統合して1つの新しい上位のコードを作成したり，あるいは逆に1つのコードを「小分け」にしていくつかのサブコードを作成することになるが，その際に，その背後にあるアイディアについて短いコメントの文章を書き加えていく作業は，質的データ分析に深みを加えていく上できわめて効果的であろう。

MAXqda の場合，コードメモを作成する手順は，基本的には，第6章で解説した文書メモの作成法と同じものである。つまり，図9・1に示したように，メモを付けたいコードを右クリックするとプルダウンメニューが出てくるので，そこから［コードメモ］を選択する。する

と，6章の図6・3（72ページ）でみたものと同じメモ用のダイアログボックスが出てくるので，そこに必要事項を記入していけばよいのである。

① メモを付けたいコードを右クリックすると，プルダウンメニューが出てくるので，

② これを選択すると，

③ メモ用のダイアログボックスが出てくる

タイトル記入欄

メモのタイプを選択するための欄

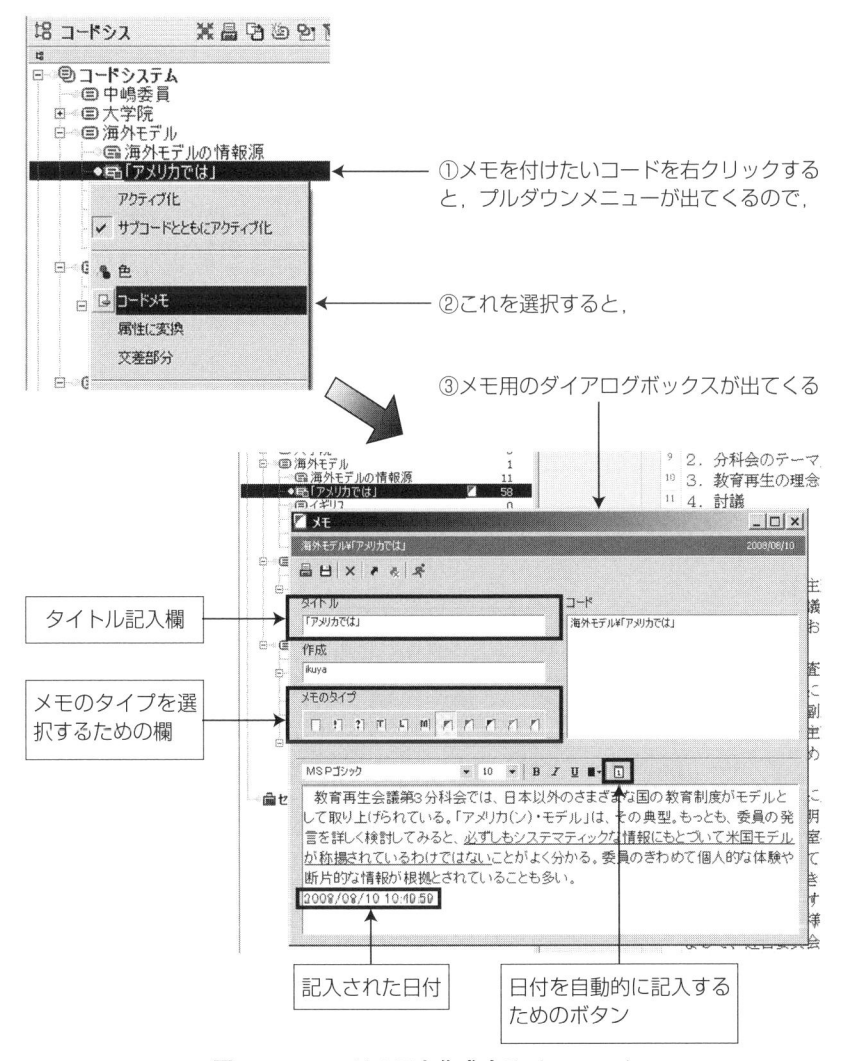

記入された日付

日付を自動的に記入するためのボタン

図9・1　コードメモを作成する（MAXqda）

理論的メモ

　上に示したメモ用のダイアログボックスには，タイトルやメモの文

第9章　分析メモの作成とストーリー化　99

章の本体を記入する欄の他に，メモのタイプを示すアイコンを選択するボタンが並んでいる欄がある。このうち，「T」のマークが入ったアイコンは，理論的メモ（Theoretical Memo）を示している。理論的メモというのは，質的データ分析の作業，とりわけ概念モデルの作成の作業などの最中に浮かんできた理論的な内容に関わるアイディアを書き留めた文章を指す（理論的メモの実例については，本書の第 10 章および『質的データ分析法』第 10 章参照）。

　MAXqda では，コードメモや文書メモの場合とは違って，理論的メモを付ける場所については指定されているわけではない。また，コードメモや文書メモに理論的な性格が強い場合には，それを一種の理論的メモと見なすこともできる。実際，コードメモや理論的メモという呼び名は多分に便宜的なものであり，必要に応じて 1 つのメモに複数の性格を持たせてもかまわないし，分析者が独自に新しいタイプのメ

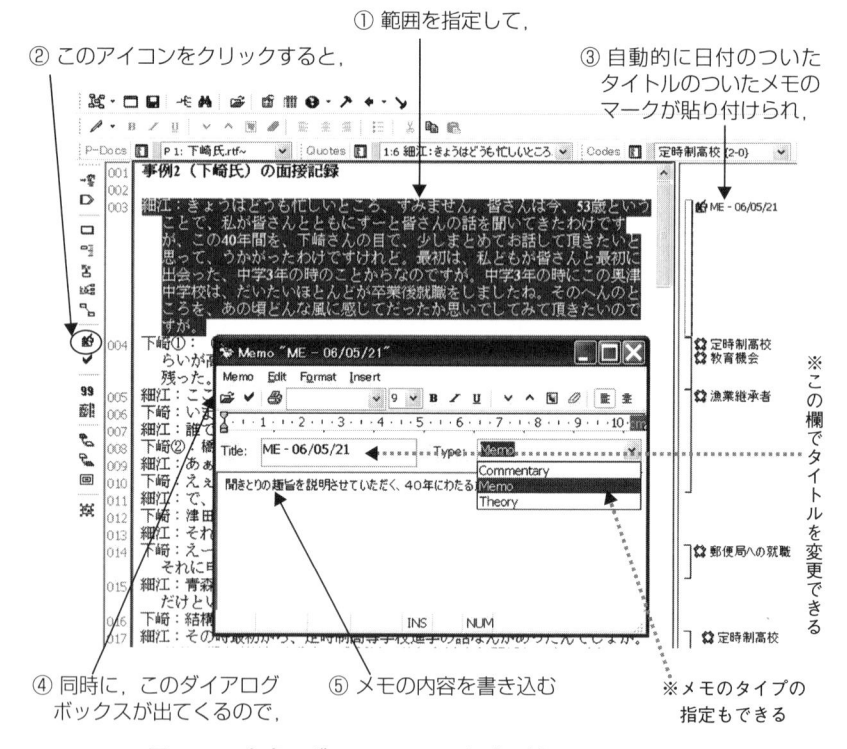

① 範囲を指定して，
② このアイコンをクリックすると，
③ 自動的に日付のついたタイトルのついたメモのマークが貼り付けられ，
④ 同時に，このダイアログボックスが出てくるので，
⑤ メモの内容を書き込む
※メモのタイプの指定もできる
※この欄でタイトルを変更できる

図 9・2　文書セグメントにメモを貼り付ける（ATLAS.ti）

モを考案してそれに何らかの名称を付けて使用しても，一向に差し支えないのである。

　ATLAS.tiの場合に「メモ」ないし「注釈（Commentary）」などと呼ばれている文章も，そのような性格を持つ分析メモの一種である。前ページの図9・2は，ATLAS.tiで，文書セグメントにメモを付ける際の手順を示したものであるが，この図に見るように，ATLAS.tiの場合もMAXqdaと同じように，メモのタイプを指定しておくことができる。「Commentary」「Memo」「Theory」と縦に並べてある3つのうち，最後のものが，ここで言う理論的メモにあたることは言うまでもない。

方法論的メモ

　第4章でも述べたように，質的研究が持つ顕著な特長のひとつは，そのインタラクティブ性であり，データ収集，文書の読み込み，コーディング，概念モデルの構築など複数の作業が同時並行的におこなわれることが少なくない。そのように柔軟でインタラクティブな方針で研究を進めていくと，今後おこなうべきデータ収集の方針に関するさまざまなアイディアが浮かんでくることが多い――今後誰に対してどのような問題に関してどのような種類の質問をしていけばよいか，インタビューの内容について他のデータ（観察データ，文書など）で裏づけるためにはどのようにすればよいか。そのようなデータ収集の方針・方法や事例の選定に関わるアイディアを書き留めた文章を**方法論的メモ**（Methodological Memo）と呼ぶことができる。

　方法論的メモは，MAXqdaのメモ用のダイアグラムでは，「M」の字がついたアイコンで示されている。ATLAS.tiの場合にも，同じように，「Method」というメモのタイプを選ぶことができる。

3 必須記入項目

　どのようなメモをどのような目的で作成する場合にせよ，少なくとも以下にあげる3点は，必須の記入項目である[2]。

① **メモの種類**

過去に書いたメモを即座に見つけて参照できるようにするためには、メモ自体の中にメモの種類について明記しておく必要がある。

② **日付**

メモの中には、それを作成した日付を書き込んでおく習慣をつけておきたい。日付は、後で特定のアイディアを見つけ出す際の手がかりになるだけでなく、さまざまなアイディアが時間を追ってどのような形で発展してきたかを跡づける上で重要な情報になる。

③ **参照情報**

メモと関連が深い文書やコードを即座に探し出せるようにしておきたい時には、たとえば、文書のページや段落の番号をメモのなかに書き込んでおく必要がある。

これらの情報をメモのなかに書き込む作業は、QDA ソフトを利用することによってかなりの程度効率化することができる。というのも、QDA ソフトには、たとえば、図 9・1 と 9・2 の例に見るように、分析メモを作成した日付を自動的に挿入するための機能や、タイプ別にメモを記入する欄が設けられている場合が多いからである。また、参照情報についても、特定のメモを付けた箇所については、プロジェクトファイルの中に自動的に記録されていくことになる。さらに、メモが電子ファイルになっている場合には、いったん書いたメモの修正も比較的容易にできるし、第 6 章で紹介したような文字列検索機能を使えば、特定の語句を手がかりにして、過去に書いたメモを瞬時に探し出すこともできる。

4 メモの通覧と印刷

検索済みセグメントの場合と同じように、QDA ソフトには、メモについても、右ページの図 9・3 のような手順で、一覧表のようにして表示したりリッチテキストファイルとして出力したりするための機能が備わっている。分析メモがある程度たまってきたら、そのような機能を利用して、メモをモニター上で改めて読み通してみたり、印字した上で通覧してみた方がよい。というのも、そうしてみると、分析

的なアイディアがさらに深まったり，個々の事例について思いがけない発見をしたりできることが少なくないからである。また，方法論的メモをまとめておくと，最終的に論文や報告書を執筆する段階で，より正確で詳しい記録をもとにして，研究の方法論や技法の詳細について文章をまとめることができるようになる。その意味でも，各種の分析メモを作成する際には，大まかなものでかまわないから，メモのタイプについて一応の区別をつけておいた方がよい。

① メニューバーの［メモ］をクリックして，

② ［メモシステム］を選択すると，

③ メモの一覧表が出てくる

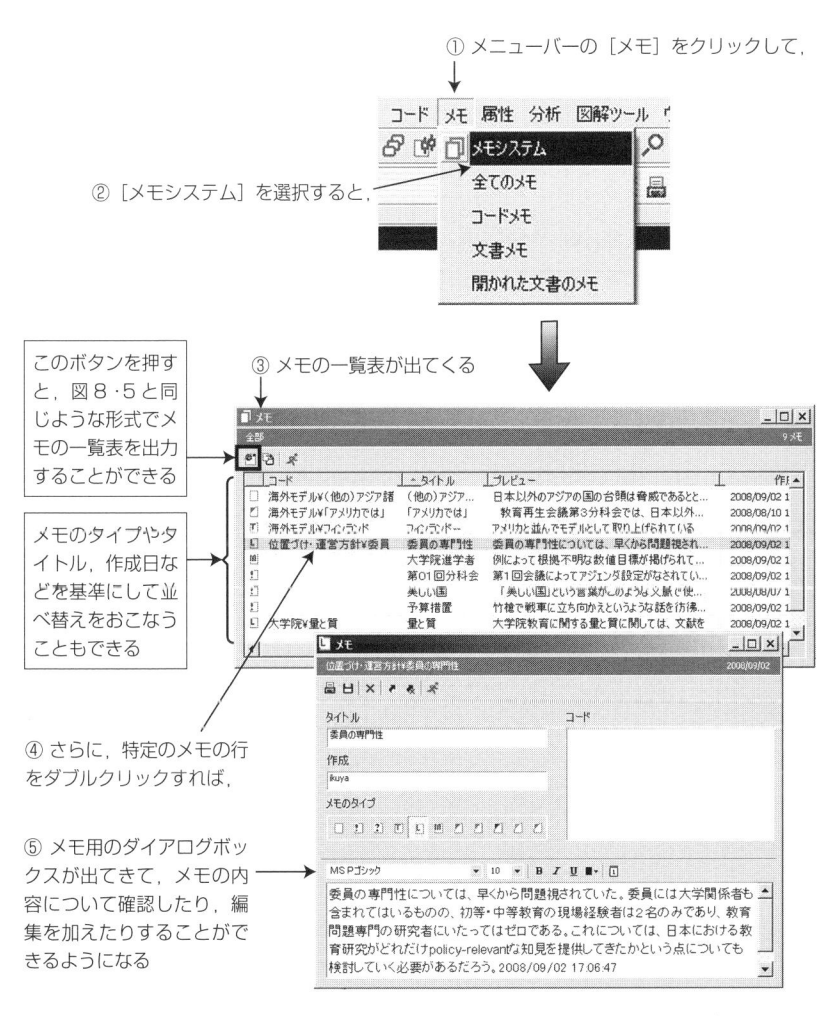

このボタンを押すと，図8・5と同じような形式でメモの一覧表を出力することができる

メモのタイプやタイトル，作成日などを基準にして並べ替えをおこなうこともできる

④ さらに，特定のメモの行をダブルクリックすれば，

⑤ メモ用のダイアログボックスが出てきて，メモの内容について確認したり，編集を加えたりすることができるようになる

図9・3 メモの一覧表示と個々のメモの内容確認（MAXqda）

第10章 「データ密着型理論」としてのグラウンデッド・セオリー

1 「データ密着型理論」の歴史

「はじめに」でも指摘したように，質的データをシステマティックに分析していくための方法やセンスを身につけていくためには，単にファイリングの技法や QDA ソフトをはじめとする効率的なデータ処理法をマスターするだけでは十分ではない。それに加えて，データ処理法の根底にある発想や基本的な「思想」について理解しておく必要がある。つまり，単に「どのような手順でデータを処理すべきか（How）」という点についてだけでなく，「なぜそのような手順によってデータを処理すべきなのか（Why）」というポイントについても，理解しておく必要があるのである。

この点に関して，第1章から第3章にかけては，質的データの特質や情報検索と情報抽出をおこなう際のさまざまな問題を中心にして述べた。本章では，質的データ分析に関する最も有力な方法論的立場の一つである，いわゆる「グラウンデッド・セオリー・アプローチ（grounded theory approach）」について解説していく。

グラウンデッド・セオリーは，米国の社会学者のバーニー・グレイザーとアンセルム・ストラウスが 1960 年代半ばに提唱した，質的調査に関する画期的なアプローチである。彼らがそのアプローチの概要をまとめて 1967 年に発表した著書『データ対話型理論の発見（The Discovery of Grounded Theory）』（邦訳 新曜社, 1996）は，社会調査の領域におけるベストセラーとなった。また，同書は，刊行後ほどなくして調査方法論における古典のひとつとしての位置づけを獲得していった。そして，現在では，グラウンデッド・セオリーは，質的研究に

関する主要なアプローチとしての確固たる位置を占めている。

　事実，1970年代以降に提唱されてきた質的データの処理法についての方法論は，グラウンデッド・セオリーの発想やその中に含まれているさまざまなアイディアに触発されているところが少なくない。また，この本で紹介した3つのソフト以外のものも含めて，QDAソフトウェアの多くは，何らかの形でグラウンデッド・セオリーのアイディアを取り入れて設計されている。（特に，ATLAS.tiの初期バージョンの開発にあたっては，ストラウスが深く関わっている[1]。また，グラウンデッド・セオリー・アプローチについての代表的な解説書のひとつ *Basics of Qualitative Research* の第3版（Corbin and Strauss, 2008）では，MAXqdaが最もユーザーフレンドリーなQDAソフトとして取り上げられている。）

　さらに，日本においても，グラウンデッド・セオリーに関する書籍が次々に翻訳され，またグラウンデッド・セオリーの発想にもとづく研究が看護やケアの領域を中心にして続々と発表されてきている。

　グラウンデッド・セオリーは「データ対話型理論」以外に「データ密着型理論」と訳されることも多い。これは，このアプローチの根底に次のような基本的な発想があるからに他ならない——〈調査データから得られる情報や知識について何度となく丹念に吟味していく作業を通じて，より現実の世界に密着し，かつ実践活動にも役立つような，高度な説明力を持った理論を構築していくべきである〉。

　ここでは，この方法論の概要と基本的な発想について解説した上で，本書の立場について述べていくことにする。

2　グラウンデッド・セオリー・アプローチの概要

　グラウンデッド・セオリー・アプローチの特徴は，次の4点にまとめることができる——① 調査データに即した理論構築ないし理論の「発見」の強調，② データ収集とデータ分析の同時進行，③ 定性的コーディング・継続的比較法・理論的メモによるデータ分析，④ 理論的サンプリングによるデータ収集。

　このアプローチの創始者であるグレイザーとストラウスの主張するところによれば，これらの特徴は，いずれも，1960年代までの社会

調査において主流の位置を占めていた量的調査の基本的な発想や技法との鮮やかな対比を成しているのだと言う。言葉をかえて言えば，グラウンデッド・セオリー・アプローチは，それまでの量的調査，すなわち大規模サーベイによる数値データの分析を通して，もっぱら理論や仮説の「検証」をめざすアプローチに対する異議申し立てとしての性格を，色濃く持っているのである。特にグレイザーとストラウスによる批判的検討の対象になったのは，1960年代当時，理論の検証をめざす研究者たちの多くがよりどころとしていたグ・ラ・ン・ド・・セ・オ・リ・ー（誇大理論）であった。

したがって，グラウンデッド・セオリーという，一見奇妙な名称自体，当時の状況を考えれば，「グランド 対 グラウンデッド」つまり，〈空理空論的な側面を含む，過度に抽象的な研究の傾向 対 具体的な調査データに根ざし現場の状況に即した研究実践〉という対立構造を印象的に示していく上で，きわめて効果的なネーミングであったと言える。

これらの点をふまえて，以下では，やや図式的ではあるが，表10・1のような対立構造を念頭におきながら，グラウンデッド・セオリーの特徴について解説していくことにする。

表10・1　グラウンデッド・セオリーとグランド・セオリーにもとづく社会調査の基本的発想

グラウンデッド・セオリー	対	グランド・セオリー
デ・ー・タ・に・即・し・た・理・論・の・構・築	対	既存理論の検証の偏重・理論と実証研究の乖離
データ収集とデータ分析の同時進行	対	データ収集とデータ分析の分断
定性的コーディング	対	定量的コーディング
理論的サンプリングと継続的比較分析	対	統計的（確率的）サンプリングと1回限りのデータ収集

3 デ・ー・タ・に・即・し・た・理・論・の・構・築
（対 既存理論の検証の偏重・理論と実証研究の乖離）

理論家と調査屋のあいだの階級的差別

日常生活では「グラウンデッド」という言葉を見かけることは，ほ

とんどないだろう。一方，この言葉と関連の深い「グラウンド」，すなわち，野球場あるいはサッカー場という意味でのグラウンドは，日頃よく耳にするごくありふれた言葉である。その場合，グラウンドの基本的な意味は，言うまでもなく地面ないし「地べた」である。英語でグラウンデッド・オンないしグラウンデッド・イン（grounded on, in）という時には，そこから派生して，一般に「確かな根拠や事実にもとづく」というような意味で使われることが多い。

　グレイザーとストラウスが自分たちの提唱する質的分析のアプローチの特徴を端的に示す言葉として「グラウンデッド」を使ったのも，彼らの方法論の根底には，〈調査データという確かな根拠にもとづいて社会現象について説明することができる理論を構築していこう〉という発想があるからに他ならない。

　調査データという確かな根拠ないし証拠にもとづいて理論を組み立てていく，というのは，一見ごくありふれた研究上の作法のように見えるかも知れない。しかし実際には，世の中で理論と呼ばれているものの中には，このルールから逸脱してしまっているケースが少なくない。その典型的な例は，社会の現実に直接ふれることなしに組み立てられる，いわゆる「肘掛け椅子式の理論」と呼ばれるものである。また，研究者自身のごく限られた人生経験あるいは日常生活上の体験，あるいは不確かな伝聞という程度の価値しかない情報などを元にして理論らしきものを組み立ててしまうという例も，枚挙にいとまがない。

　そのような，データと理論のあいだに形成されがちな，決して生産的とは言えない関係の中でも，特にグレイザーとストラウスが問題視したのは，理論家と調査屋のあいだの一種階級差別的な分業体制であった。彼らによれば，1960年代当時に社会理論と社会調査の関係について支配的であった通念のひとつは，「画期的な理論を新たに創り上げたり，既存の理論をより精緻なものに磨き上げていくのは，もっぱら理論家と呼ばれる人々の仕事である。一方，実際に社会調査に従事する者たちがおこなうべき仕事は，実証データによってその理論がどの程度確かなものであるかを『検証』する作業である」というものであったという。

　これがひいては，理論家は，もっぱら抽象的で高邁な理論体系を構築する仕事にたずさわるという意味で一段上の立場にある，という見

方にもつながってきた。そうなると，調査屋の担う役割は，ひたすら理論家の創り上げた抽象的な理論から論理的に導き出されたいくつかの仮説を検証する作業に従事する，という意味で一段下のものだということにもなる。

　たとえて言えば，これは，理論家は精緻な「理論」という貴重な財を独占的に所有する資本家のような存在であり，それに対して，調査屋は実証データによる理論や仮説の検証を通してその財の価値を高めることにひたすら奉仕する，プロレタリアートのような役割を担っている，ということでもある。さらに，これは，調査屋が，権威のある理論をいわば「天下り」式に鵜呑みにした上で，前もって調査の枠組みを決めてしまい，理論や仮説をデータで検証したり，小幅の修正を加えるだけというような傾向にもつながってきたのだとされる。

量的調査と質的調査の相対的な位置づけ

　グレイザーとストラウスは，以上のようないくつかの傾向が特に顕著に見られたのは，もっぱら量的なデータを扱うサーベイ，つまり日本で言う「アンケート」式の調査の場合であった，と指摘する。実際，サーベイ式の量的調査は，自然科学（特に物理学）の分野における研究手法や研究論文の構成とスタイルを理想的なモデルにして発展してきたこともあって，ともすれば理論と社会調査とのあいだに深刻な断絶が生じがちであった。特に，サーベイ調査にもとづく論文が以下の図に見るような，いわゆる「問題　方法・結果・考察」という，仮説検証

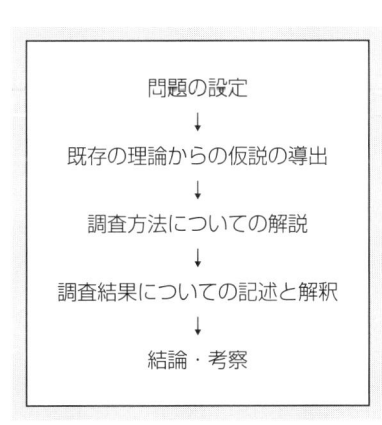

```
問題の設定
　↓
既存の理論からの仮説の導出
　↓
調査方法についての解説
　↓
調査結果についての記述と解釈
　↓
結論・考察
```

法的な筋立てで書かれる場合には，その傾向が顕著になっていた。

　このような手順で実際に研究をおこなうためには，実験や調査をはじめる前にすでに文章や数式の形できれいに整理された仮説が出来上がっており，また1回や2回の実験や調査で白黒がはっきりした明確な結果が出て，その仮説が確証されたり否定されたりできなければならない。実際には，自然科学的研究の場合ですら，このような手順で仮説検証ができる例は稀である。科学的論文がこのような体裁をとるのは，実際におこなわれた研究プロセスの一部始終についての精確で忠実な報告をおこなうためというよりは，むしろ，研究全体の成果を分かりやすくまた効果的に伝えるための，一種の「方便」ないしフィクションなのである。

　一方，実際の研究プロセスには，さまざまな試行錯誤や偶然の発見などが含まれていることが少なくない[2]。しかし，「科学的」な論文の形式としては上記のようなものが主流だったこともあって，サーベイ的な社会調査については，もっぱら，天下り式に与えられた理論仮説の検証の役割を担うものだ，というイメージが常識ないし通念として定着していたのであった。

　さらに分が悪かったのは，フィールドワークや聞き取りを中心とする質的な社会調査の場合である。というのも，質的調査は，仮説生成にはある程度役立つかも知れないが，仮説の検証には向かない，いわば一種の「予備調査」的なものとして，さらに一段下の格付けでとらえられることが少なくなかったからである。言葉をかえて言えば，質的調査は，どのような現象や出来事が起きているかという点については興味深い「記述」を提供することはあっても，なぜそのような現象や出来事が起きているのかというポイント，つまり物事の「説明」という点に関しては，あまり貢献するところがない，というような見方をされることが多かったのである。

「たたき上げ式」の理論構築

　グレイザーとストラウスは，これらのいくつかの通念ないし風潮の背後にあるのは，社会調査の果たすべき役割として理論の検証のみを偏重する傾向である，と指摘する。すなわち，彼らは，理論家と調査屋のあいだに存在していた一種階級差別的な分業体制，あるいはまた

質的調査を量的調査のさらに一段下の位置づけでとらえてしまいがちな固定観念の背景には、社会調査というものに対して、「偉大な理論家の作った理論の妥当性を実証データによって検証するための手続き」というような、きわめてマイナーな役割しか与えてこなかった風潮がある、とするのである。

グレイザーとストラウスは、そのような風潮や通念を痛烈に批判した上で、理論というものは理論家の抽象的で思弁的な思考の産物としてではなく、むしろ社会調査をおこなう人々の実際の体験とそこから得られる実証データそのものの中から「発見」ないし構築された時にこそ、真に有効なものになりうるものだということを主張した。つまり彼らは、そのような「地に足がついた」理論こそが、高度な説明力を持ち、かつ実践活動にも役立つものになるのだと主張したのである。

言葉をかえて言えば、それまでの社会調査のあり方は、理論家ないし「大先生」のつくった既存の理論を「天下り式」に受け入れて、その理論から導き出される仮説を調査データにもとづいて科学的かつ実証的に検証することを、もっぱら重視していたのだと言える。それに対して、グレイザーとストラウスがめざしていたのは、調査データそのものの中から理論を立ち上げていく、「たたき上げ式」の理論構築のスタイルを確立することによって、理論と社会調査とのあいだにより生産的かつ有機的な関係を築きあげていくことであったと言えよう。

4 データ収集とデータ分析の同時進行
（対 データ収集とデータ分析の分断）

「ワンショット・サーベイ」の場合

データそのものから理論を立ち上げ、また理論と調査のあいだに生産的な関係を築きあげていくための具体的な手続きとしてグレイザーとストラウスが提唱した中でも最も重要なもののひとつに、データ収集とデータ分析を同時進行的におこなう、という基本的なポリシーがある。（第5章から第9章でも見たように、QDAソフトウェアは、紙のカードの場合にはかなり煩瑣なものであった質的データの分析作業を大幅に効率化することによって、データの収集と分析を同時におこなえるようにするものでもある。）

このポリシーが質的データ分析にとって持つ意義や重要性については，典型的なサーベイ調査の場合に，① どのような形でデータ収集とデータ分析のあいだに分断が生じがちであるか，そしてまた，② それがどのような問題を引き起こしがちであるか，という2つの点について考えてみれば分かりやすい。

　先に述べたように，社会調査に関する通常のイメージからすれば，問題設定，仮説構成，データ収集，データ分析，仮説検証という一連の作業は，その順番どおりに時間を追っておこなわれているようにも思える。事実，書店などでよく見かける「アンケート調査法」などというタイトルのついた調査法のマニュアルは，そのような前提で書かれていることが少なくない。また，さまざまな種類のサーベイ調査の中でも〈一度質問表を配布して回収して分析したらそれでおしまい〉という「ワンショット・サーベイ（一発勝負型サーベイ）」と呼ばれるようなタイプのサーベイの場合には，実際にそのような形で調査がおこなわれる場合が少なくない。

　ここで少し見方を変えて，同じ一連の作業について〈調査のそれぞれの時期でどのような種類の作業にどれだけの時間や労力が割り当てられるか〉という観点からサーベイの手順について図示してみると，図10・1のようになる。このような調査の場合には，調査の各段階でおこなわれる作業はほとんど一種類のものに限られる。また，サーベ

　　　　　　　　　　　　　　　　　　　　　　　　　　　　　　　　　　

（縦軸：それぞれの作業に要する時間や労力の割合（%）　0〜100）
（横軸：時間の流れ　初期／中期／終期）

初期：問題設定　仮説構成
中期：数量的データの収集
終期：数量的データの分析　仮説検証

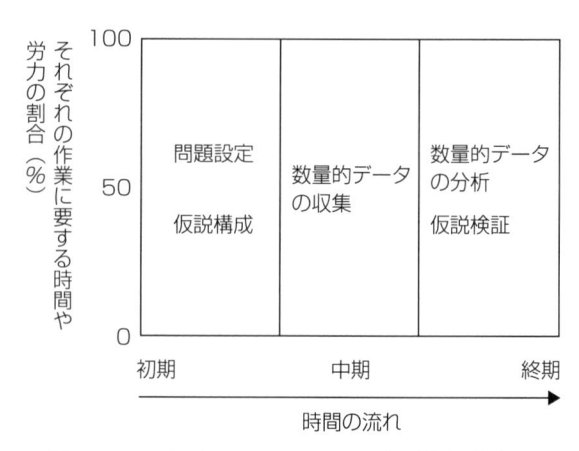

図10・1　ワンショット・サーベイの調査デザイン

イの結果として最終的に出来上がる調査レポートの全体的な構成もまた,「問題・方法・結果・考察」というような,実際におこなわれた一連の作業を忠実になぞったようなスタイルになることが多い[3]。

一度でもサーベイ調査をおこなった経験があれば分かるように,実際に図10・1のような形で調査を実施して意味のある結果を得るためには,事前にかなり調査内容やトピックを絞り込んだ上で,質問票(いわゆる「アンケート用紙」)にそれらの内容に即した設問を盛り込んでおかなければならない。また,質問票を回収して集計した際に結果としてどのような回答パターンが得られるかについてあらかじめきちんと予測しておいて,それと調査仮説との対応を考えておく必要もある。そのような周到な事前準備があるからこそ,サーベイはしばしば仮説や理論の検証にとってきわめて有効な手段になりうるのである[4]。

しかしながら,データの収集と分析の2局面を明確に分けたサーベイ調査のデザインは,既存の理論を検証する上ではある程度有効ではあっても,データを元にして新たに理論を立ち上げていく際には,必ずしも有効であるとは言えない。実際,ワンショット・サーベイの場合には,収集したデータの範囲を越えて推論をおこなうということは非常に難しい作業になってしまう。また,このようなデザインの調査の場合には,いわゆる「事後解釈」は「禁じ手」とされることが多い[5]。

このようにしてみると,図10・1のような調査の進め方は,既存の理論という比較的狭い枠の中で社会現象をとらえる上では有効かも知れないが,その枠を越えて新しい理論を立ち上げていくためには,あまりふさわしくない調査デザインであることが分かる。

グラウンデッド・セオリー・アプローチの場合

これに対して,グレイザーとストラウスが提唱する,データ収集とデータ分析を同時進行的におこなうタイプの調査デザインは,次ページの図10・2のように図示できる。

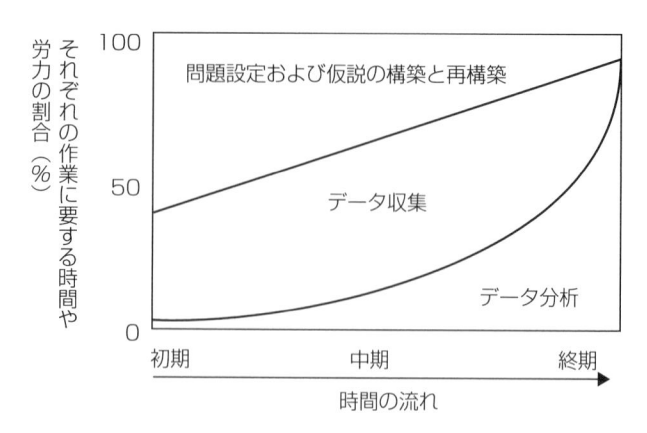

図10・2　グラウンデッド・セオリー・アプローチの調査デザイン

　このような形で調査をおこなっていく場合には，データをある程度収集した段階で，それを詳しく検討し，その分析の結果を元にして作業仮説やリサーチクェスチョンそのものを練り直していくことになる。また，その分析結果にもとづいて次の段階におこなうデータ収集の方式などについて決めていくこともある。そして，上の図に示したように，後の段階の方になればなるほど，データ収集の作業に比べてデータ分析に関わる作業の占める割合が増えていくことにもなる。
　これは，たとえばインタビューを中心とする調査の場合だったら，最初の1名あるいは数名に対して聞き取りをおこなった直後に，そのテープ起こしの記録を丹念に読み込んでいくことによって，次のような問題について詳しく検討していくようなことを意味する。

・その人々自身あるいはその人々の社会生活の場（地域，組織，集団など）にとって重要な事柄は，どのようなものであるか
・それはどのように概念化・理論化できるか
・何か大切なことを聞き落としてはいないか
・これからおこなうインタビューにおいては，どのようなことを誰に対して，どのような形で聞けばよいのか

　フィールドワークにおける現場観察の場合も，同様である。この場合は，最初の時期に現地でおこなった観察結果をいったんフィールド

ノーツとしてまとめたならば，あまり時間をおかずにその記録についてさまざまな角度から丹念に検討を加えていく必要がある。そのような同時進行的な分析作業によって，インタビュー調査の場合と同じように，概念化や理論化の方向，そしてまたそれ以降のデータ収集の方針が決められていくことになる。

　このような形で作業を進めていくと，普通は後の段階になるほど調査活動の焦点が絞られていくために，特定のポイントに的を絞った聞き取りや観察が中心になっていく。また，そのような手続きを通して調査の途中で新たに浮かんできた理論的枠組みや作業仮説の検証をおこなうような作業も，次第に増えていくことになる。

　このように，グラウンデッド・セオリー・アプローチの場合には，〈データから理論へ〉，時には逆に〈理論からデータへ〉という往復運動が何度となく繰り返されていく。グレイザーとストラウスによれば，このようにして理論とデータのあいだに一種の対話のようなやりとりが存在していることによって，理論とデータのあいだに密接な関係が生じ，ひいては，社会生活の現実と理論とのあいだの適合性が保証されるのだとされる[6]。

　そして，データの収集と分析を同時進行的におこなっていく上で非常に重要な役割を果たすのが，以下の節で解説する，次のような2つの作業手順である。

- 定性的コーディング・継続的比較法・理論的メモによるデータ分析
- 理論的サンプリングを基本方針とするデータ収集

5 定性的コーディング・継続的比較法・理論的メモによるデータ分析 (対 定量的コーディングにおける天下り式コーディング)

　グラウンデッド・セオリー・アプローチが社会調査の方法論として持つ歴史的な意義のひとつは，従来「秘伝」ないし「口伝」のようなものでしかなかった質的データ分析の手法を，はじめて明確な一連の手順として示したところにある。その骨子となるのは，**定性的コーディング，継続的比較法，理論的メモ**と呼ばれる3つの手続きである。

この3つの手順を明確な形で示すことによって、グレイザーとストラウスは、それまではよくても「名人芸」、悪くすれば非科学的な方法として見なされがちであった質的調査に対して、量的な調査法と同様に一定の手順のもとにおこなうことのできる科学的手法としての位置づけを与えることに成功したのである。

そして、各種の QDA ソフトウェアには、ほとんど例外なく、この3つの作業に対応する機能が盛り込まれている。また、それらのソフトウェアには、情報検索や情報抽出のプロセスを電子化することによって、紙ベースでおこなう場合に比べてはるかに効率的な形でデータ収集とデータ分析を有機的に連携させることができるように、さまざまな工夫がなされている。

オープン・コーディング

第2章から第9章で見たように、定性的コーディングというのは、インタビュー記録や観察記録など、主として文字テキストからなる資料のさまざまな部分、つまり「セグメント」に対して、その内容の小見出しになるようなラベルを書き込んでいく作業を指す。

「コーディング」という全く同じ言葉が使われているためにやや分かりにくくなっている面があるが、グラウンデッド・セオリーの場合の定性的コーディングと定量的コーディング、すなわちサーベイ調査などでおこなわれるコーディングは、さまざまな点で正反対の性格を持っている。

この、定量的コーディングと定性的コーディングの違いについては、本章の末尾にあげた補論で詳しく解説するが、ひと言で言えば「天下り式のコーディング」と「たたき上げ式のコーディング」のあいだの違いである。定量的コーディングの場合には、既存の理論の前提にしたがって、データに対して、それに対応する分類カテゴリーを示す記号をかなり機械的に割り振っていく作業が中心になる。これとは対照的に、定性的コーディングの場合には、むしろデータそのものの中から分類カテゴリーそれ自体を創り上げていき、またその作業を通じて、分析の対象となっている現象を説明できる理論を立ち上げていくプロセスが重要になっている。

たたき上げ式のコーディングとしての性格を持つ定性的コーディン

グでは，まずインタビューの内容を文字に起こした文書や現場観察の結果を文章としてまとめたフィールドノーツの1行1行を丹念に読み込みながら，次のような一連の問いについて自問し，またデータに問いかけながら詳細に検討していく。そして，これらの問いに対する答えを文書の余白部分などに書き込んでいく。

・ここでは何が起きているのか？
・登場人物はどのようなことをしているのか？
・この人はどういうことを言っているのか？
・発言や行為の背景には，どのような意図があるのだろうか？
・その現象は，どのような理由や原因によって起きているのか？

【例示1】にあげたのは，その「**オープン・コーディング**（open coding)」あるいは「**1行ごとのコーディング**（line by line coding）」などと呼ばれる初期段階のコーディング作業の分析例である。

【例示1】 1行ごとのコーディングの例[7]

コード	データ
症状の移行，ぎくしゃくした生活を送る	狼瘡［皮膚の慢性潰瘍性病変］にかかっているっていうことはね，ある日は肝臓，別の日は関節，次の日は頭っていう感じで，いろいろなところに病気が出てくるの。でも，そんなにいろんな病気のことばっかり言ってたら，他の人は，私が体のこと気にしすぎだって思っちゃうでしょう。
まわりの人から見た自己のイメージの解釈	
露見の回避	だから，何も言いたくないのよ。だってまわりの人は，「あの人にはもう近づかないようにした方がいいわね。だって，あの人ったら，いつも病気のことしか言わないし」って思うでしょ。
拒絶の予測	
他人が気づかないようにする	それで，何にも言わないようにしてるの。
いくつかの症状を関連したものとみる	だって，私のことって何でも狼瘡に関係してるようなもんだけど，狼瘡のことを知っている人は滅多にいないし，知ってる人だって10個の症状がみんな同じ病気だなんて信じられないと思うのよ。
他人が気づかないようにする	
不信感について予測する	
他人の見方を操作する	だから，人には，病気のことばかり言うから私のそばには近寄りたくないっていう風に言われたくないの。
スティグマを回避する／潜在的な損失と露見のリスクを見積もる	

この例に見られるように，定性的コーディングにおいては，データの内容に即しながらそれを短い言葉で要約したり一般的な言葉で置き

換えたラベル——このラベルが定性的コーディングにおける一つひとつの「コード」にあたる——を割り当てていく作業が中心になる。この意味では，1行ごとのコーディングの作業というのは，文書記録の要所要所にその内容を要約した小見出しをつけていく作業に喩えることができるかも知れない。

　もっとも，書物の場合には全く同じ小見出しが何度も出てくることは滅多にない。これに対して，定性的コーディングの場合には，同じコードが幾度となくいろいろな箇所のデータに振り付けられることもよくある。(たとえば，【例示1】で出てくる「露見の回避」というコードは，この患者のケースだけでなく，他の数人の患者の聞き取り記録に対しても割り当てられる場合があるだろう。)その意味では，定性的なコードは一種の小見出しとしての性格だけでなく，もう一方では索引としての性格をも持っていると言えるだろう。実際，この本の巻末にもあるように，索引は，書物の内容を把握する上で重要なキーワードや特定のトピックを扱った箇所を探し出すための「道しるべ」としての役割を担っており，また1つの索引項目についてその項目に該当する書物の箇所を示す複数のページ番号があげられていることも稀ではない。

　もっとも索引づくりというのは，通常，書物の内容をあらかた書き上げてしまった後の段階でおこなうものである。これに対して，定性的コーディングには，むしろ一つひとつのデータの断片に小見出し，あるいは索引のようなラベルを割り付けていく作業それ自体を通して，最終的に出来上がる調査報告書の内容やストーリーラインを徐々に創り上げていく作業としての性格を持っている。

継続的比較法
[データと概念的カテゴリーの比較]
　以上のようにして定性的コーディングによっておこなう分析作業において重要な意味を持っているのが，「**継続的比較法**(constant comparative method)」と呼ばれる手続きである。継続的比較法というのは，複数のデータ(たとえば，複数の人々の証言あるいは同一人物の複数の発言)を相互に比較しながら，それらに対応するコードについて考えたりする一方で，他方では，データの内容とそれに対応するコードが表している概念的カテゴリーとを比較検討し，さらには複数の概念的カ

テゴリー同士を比較する手続きを何度となく繰り返していく中で，より入念な分析をおこなっていく手法を指している[8]。

たとえば，【例示1】に見られる「露見の回避」はこの患者の事例について割り当てたコードであるが，他の数人の患者の証言記録についても同じコードを割り当てることができる発言が頻繁に見られることもよくあるだろう。もしそうだとしたら，「露見の回避」は，この病気をめぐる社会生活について理解する上できわめて重要な概念的カテゴリーになるようにも思える。さらに「露見の回避」というコードを割り振ることができた数人の発言記録の断片を並べて比べてみると，男性と女性の場合には顕著な違いが見いだせるかも知れない。そうなると，「露見」という現象を成立させている条件の中でも，性別というものが重要な要因であるという事実が浮かび上がってくるだろう。

グレイザーとストラウスによれば，このような形で，コーディングの作業を通じて，① 複数のデータ同士，② データと概念的カテゴリー，③ 複数の概念的カテゴリー同士などを相互に比較する作業を通して社会生活の現実を説明するための理論的枠組みが，まさにデータそのものの中から浮かび上がってくるのだ，と言う。

この継続的比較法がデータ分析法として持つ特長や意義は，これをサーベイの際におこなわれる定量的コーディングの手続きと比べてみるとよく理解できる。それについての比較的詳しい解説は，本章の末尾にあげる補論にゆずるが，定量的コーディングの場合は，既存の理論的枠組みから導き出される概念に対応するコードをデータに対して割り振っていく作業は，かなり機械的なものであり，また調査全体の中で1回だけしかおこなわれないことが多い。したがって，サーベイの場合には，概念とコード，あるいは概念と理論との対応関係について何度となく検討を繰り返すようなことは滅多にないのである。そのような調査デザインは，既存の理論の確からしさを検証していく上ではかなりの程度有効かも知れないが，データの中から理論を立ち上げていく際には，必ずしも有効ではないだろう。

[焦点を絞ったコーディング]

ここで注意しておかなければならないのは，【例示1】のような1行ごとのコーディングのレベルに留まっている限りは，データとデー

タ，データと概念的カテゴリーの比較を継続していく際の作業は，それに要する時間という点でもまた労力という点でも，とてつもなく膨大なものになりかねない，という点である．しかし実際には，1 行ごとのコーディングは，調査のごく初期あるいは調査の途中で大幅な見直しが必要になった時だけに限られることの方が多い．通常の場合は，調査がある程度進展してくると，【例示 1】に見られるような，日常使われる言葉に比較的近い記述的な性格を持つコードを網羅的に当てはめていくのではなく，むしろかなり抽象度の高い，しかも比較的少数の概念に対応したコードを選択的に割り振っていき，またそれらの概念同士の関係について明らかにしていく作業が中心になってくる．

これが，【例示 2】に示されたような形でおこなわれるコーディングのプロセスであり，これは，「**焦点を絞ったコーディング**（focused coding）」ないし「**選択的コーディング**（selective coding）」[9] などと呼ばれる．【例示 2】を見ても分かるように，この段階のコーディングは，データの内容を要約した小見出しをつける作業というよりは，むしろ社会生活の現場で使われている言葉を，より抽象度の高い理論的な概念に置き換えていく作業としての性格を持っている[10]．つまり，

【例示 2】 焦点を絞ったコーディングの例 [11]

露見の回避	狼瘡［皮膚の慢性潰瘍性病変］にかかっているっていうことはね，ある日は肝臓，別の日は関節，次の日は頭っていう感じで，いろいろなところに病気が出てくるの．でも，そんなにいろんな病気のことばっかり言ってたら，他の人は，私が体のこと気にしすぎだって思っちゃうでしょ．だから，何も言いたくないのよ．だってまわりの人は，「あの人にはもう近づかないようにした方がいいわね．だって，あの人ったら，いつも病気のことしか言わないし」って思うでしょ．
潜在的な損失と露見のリスク	それで，何にも言わないようにしてるの．だって，私のことって何でも狼瘡に関係してるようなもんだけど，狼瘡のことを知っている人は滅多にいないし，知ってる人だって 10 個の症状がみんな同じ病気だなんて信じられないと思うのよ．だから，人には，病気のことばかり言うから私のそばには近寄りたくないっていう風に言われたくないの．

選択的コーディングは，一種の翻訳作業だと言えるのである。実際，フィールドノーツやインタビュー記録に含まれるさまざまな情報は，質的データ分析を通じて最終的には調査報告書へと翻訳されていくことになる。こうしてみると，焦点を絞ったコーディングというのは，現場の社会生活における主要な問題関心やテーマを探り当て，それを最終的な調査報告書全体をまとめることができるような，中核的な概念へと翻訳していく作業であると言える。

理論的メモ

このような1行ごとのコーディングや焦点を絞ったコーディングを通してデータから理論を立ち上げていく作業においてきわめて重要な役割を果たすのが，「メモ」あるいは「**理論的メモ**」を書いていく作業である。たとえば，【例示1】および【例示2】の場合だったら，ごく短めのメモとしては，次のようなものが考えられるかも知れない[12]。

【メモの例】

露見の回避・潜在的損失――慢性疾患と対人関係

慢性疾患の症状に対する対応を中心にして日常生活を組み立てていかなければならない人たちの場合，きわめて深刻になるのは，その症状に関してあまり知識がない人々への対応である。この発言では，外見に現れる症状が対人関係に与える影響（特に潜在的損失）というよりは，症状についての訴えが他人に理解してもらえない場合の問題が中心になっている。露見の回避という点に関しては，さらにガーフィンケル［アメリカの社会学者］のいう「パッシング」という行為と関連させて考えてみてもいいかも知れない。また，今後は，狼瘡と同じような症状の人だけでなく，全く別のタイプの症状でありながら潜在的損失や露見の回避という問題が深刻になっている人々の事例について，検討してみた方がいいだろう。

データにコードを割り当てたり，データ同士の関係について頭の中でいろいろと考えてみる作業それ自体が，理論を立ち上げていく上できわめて重要な意味を持つことは言うまでもない。しかし，さらに掘り下げた考察をおこなっていく上では，それだけでは十分ではない。質的データの分析を通して理論を立ち上げていくためには，コーディングの最中に頭の中に浮かんださまざまなアイディアを文書の形で書き出してみる作業が必要になってくる。

これは単に思いついたアイディアについて忘れないように記録に残しておく，という手続きにとどまらない。メモを書く作業は，それに加えてそのアイディアをさらに練り上げていき，最終的には分析モデルや説明図式にまで結びつけていくために不可欠な作業なのである。

　実際，文章を書いているうちに思いもよらないアイディアが浮かんできた体験のある人は多いと思われるが，わたしたちは文章を書いている時には，すでに頭の中できれいに整理された思考の内容を単に文字にしていくだけでない。実は，その筆記という作業を通じてアイディアを掘り下げ，また思考の幅を広げていることも多いのである。

　つまり，文章を書く時，わたしたちは頭の中だけでなく，実際には「目と手」で考えているのである。そして，このような作業を通して，コーディングの最中に浮かんできたアイディアを忘れないうちに書き留めるための「備忘録」的な性格を持つメモは，徐々に，重要な理論的洞察を含む，まさに**理論的メモ**と呼ぶにふさわしいものになっていく。特に，選択的コーディングの際などに一つひとつのコードの意味づけや複数のコードのあいだの関係について考察した内容を理論的メモとして書き上げていく作業は，分析モデルを練り上げていく上できわめて重要な作業となる[13]。

　また，コーディングの作業とは別に，ある程度まとまった時間がとれる時には，それまでの分析内容を振り返ってみて得られた考察を，文字通り「メモ」的なごく短い文章というよりはむしろ「エッセイ」ないし「考察ノート」と呼ぶ方がぴったりする，かなり長めの文章として書き出してみることも必要だろう。

　第6章と第9章でみたように，各種のQDAソフトウェアには，コーディングの最中に思いついたアイディアについて簡単なメモを即座に書き留めたり，あるいはまた，かなりまとまった分量の理論的メモを，時間をかけて書き出していくための機能が備えられている。

6 理論的サンプリングによるデータ収集（対 統計的サンプリング）

統計的サンプリングとの違い

　以上に見てきたように，グラウンデッド・セオリー・アプローチによる質的データ分析においては，定性的コーディング，継続的比較法，

理論的メモという3つの作業が核になる。このような特長を持つ分析プロセスと切っても切り離せないほど密接な関係にあるのは、**理論的サンプリング**と呼ばれる、研究対象の選定とデータ収集に関わる手続きである。

コーディングの場合と同様に「サンプリング（標本抽出）」という、もともとは主に量的調査の分野で使われていたデータ収集の方針を指す言葉が含まれているために少し紛らわしいものになっているが、実際には、サーベイ調査などでおこなわれる統計的サンプリングと質的調査における理論的サンプリングは、さまざまな点において正反対の発想にもとづいている。

これら2つのサンプリング法の違いは、表10・2のように整理できる。

表10・2　統計的サンプリング　対　理論的サンプリング

統計的サンプリング	理論的サンプリング
基礎的な母集団の範囲が事前に分かる	基礎的な母集団の範囲が事前に分からない
基礎的な母集団の特性が事前に分かる	基礎的な母集団の特性が事前に分からない
事前に定義した計画に沿ってサンプルを一度に引き出す	段階的に基準を定義してサンプリング要素を複数回にわたって引き出す
サンプル数は事前に決まっている	サンプル数は事前に決まっていない
サンプリングはすべてのサンプルが調べられた時に終わる	サンプリングは理論的飽和にいたった時に終わる

出所：ウヴェ・フリック『質的研究入門』（小田博志ほか訳）春秋社　2002年（原著Widermann (1995)からの引用）※この表では、出典の表における左右の欄を入れ替えて示した。

統計的サンプリングの場合に重視されるのは、調査対象となる「サンプル」を、どれだけ母集団の忠実で正確な「縮図」となるような形で選び出すことができるか、というポイントである。たとえば、何か一般的な問題に関して質問紙によってサーベイ調査をおこなおうとする場合、得られた結果がたまたまその調査の回答者になった人々だけについて当てはまるようなものでしかないとしたら、その結果にはほとんど価値はないだろう。したがって、きちんとした社会調査の場合には、同じような属性を持った人々一般について当てはまることを保証できるような「代表的なサンプル」が選び出されるようにするために、さまざまな工夫がなされることが多い。

サンプルの代表性を保証するために使われるテクニックで代表的なのは，ランダム・サンプリング法（無作為抽出法）である。つまり特定の傾向を持った人々だけが調査対象者になるようなことを防ぐために，乱数表などを使って調査対象となる人々を選び出す，という方法である。逆に言えば，そのような配慮をせずに選んだ「偏ったサンプル」を対象としておこなわれた調査で得られた結果は，一般的な適用可能性を持たないことになる。

理論的サンプリングの場合

　しかし，以上のような「調査対象の代表性」[14]というポイントが重要になるのは，あくまでも，限られた数のサンプルについて得られた調査結果を一般化すべき「母集団」というものが，比較的明確な輪郭を持った実体として想定できる場合である。しかし，実際の調査の場合には，実際にデータ収集の作業をおこなう前の段階では，必ずしもその母集団を明確な形で確定できない場合も多い。

　たとえば，「現代日本における青年の意識と行動」というような一般的な問題について調べる，という問題設定をした場合について考えてみよう。この場合，ひと口に「日本の青年」とは言っても，年齢区分の基準という問題ひとつをとっても，どのようなくくり方をすべきかという点については，さまざまな意見が出てくる可能性があるだろう。たとえば，第二次性徴を含む身体的成長を軸としてとらえる場合にはせいぜい20代前半までが対象範囲になるだろうが，政治意識と政治行動というような問題に関わる場合には，もう少し上の年齢層まで含めて考えてもいいかも知れない。また，そのような大まかな見通しを立てた上でいくつかの事例について検討してみると，それまで想定していたのとは異なる属性（たとえば，出身地域や学歴，職業など）が重要であることに気がつくようなことも出てくるだろう。そのような場合には，対象者選定の方針を大幅に見直していく必要も生じてくる[15]。

　つまり，どのような属性を持つ事例を調査対象にすべきかという問題は，とりも直さず，どのような問題関心に沿い，またどのような理論的立場を前提として「現代日本の青年」という調査対象をとらえるのか，という点に依存しているのである。したがってまた，理論の構

築プロセスの進展次第によっては，想定される母集団の範囲それ自体が大きく変わっていくこともありうる。

このようにして，データの分析を進める中で徐々に浮かび上がってくるいくつかの要因や概念同士の関連を軸にしながら，調査対象の選定や調査技法について適宜方針を決めたり軌道修正していくやり方が，**理論的サンプリング**である。つまり，理論的サンプリングの発想にもとづいて調査を進める場合には，ある程度の量のデータが集まったら，そのつどそれらのデータを詳しく検討し，その分析結果を，次の段階の事例選定やデータ収集の際に生かしていくことになる。

これは，とりも直さず，次のような一連の問いに対して順次答えていくような形で研究対象となる事例を選び，また収集すべきデータの種類を決めていくような手続きを指している。

・これまで検討した事例によって，問題となっている社会現象は，どの程度説明できているか？
・これまでの調査で集めたデータは，現在考えている分析モデルに含まれるさまざまな論点に対する十分な裏づけとなっているか？
・まだ良く分かっていない点は，どのような点か？
・何か重要な要因や概念を見落としてはいないだろうか？
・説明モデルの論点を補強したりまだ良く分かっていない点について明らかにしていくためには，今後どのようなタイプの人々（集団，組織，地域等）を事例として選んでいけばよいか？
・今後事例を追加して調査を進めていく際には，どのような調査技法（インタビュー，現場観察，文書資料の検討等）を用いて，どのような種類のデータを収集したらいいだろうか？

理論的飽和

こうしてみると，統計的サンプリングというのは，母集団の姿やその輪郭があらかじめある程度明確なものとして見えている段階でおこなってこそ，はじめて意味のある対象選択の方法であると言える。というのも，統計的調査では，まずその母集団の縮図となるような形でサンプルを集めた上で，その次の段階では，そのサンプルから得られる情報を元にして母集団の状況についてさらに詳しく明らかにしてい

く，というようなプロセスを前提としているからである。したがって，統計的サンプリングをおこなう場合には，調査にとりかかる以前の段階で，すでに母集団の姿を明らかにできるような理論的視点が出来上がっていなければならないことになる。

　これに対して，理論的サンプリングというのは，少しずつデータを集めて，それをそのつど丹念に分析していく作業を通して，母集団の姿を次第に明らかにしていくだけでなく，その姿をとらえるレンズとしての理論的枠組みを徐々に磨き上げていこうという発想である。その意味では，理論的サンプリングは，まさに先にあげた「データに即した理論の構築」および「データ収集とデータ分析の同時進行」という，グラウンデッド・セオリーの骨格を成す2つの特徴と切っても切り離せないほど密接な関係にあるデータ収集の方法であると言える。

　このような性格を持つ理論的サンプリングの作業は，調査プロセス全体を通して何度となく繰り返されることになる。その作業が一応の終着点にいたるのは，**理論的飽和**と呼ばれる段階に達した時である。すなわち，その時点までに出来上がった説明図式によって，新たな事例についても満足のいく説明や解釈ができるようになり，また，それ以上事例やデータを追加しても，すでにある程度完成品として出来上がっている説明図式や理論モデルに対しては特に修正や追加を加える必要が無くなった状態である。グラウンデッド・セオリー・アプローチの場合には，このような状態にまで分析モデルが練り上げられた時になってはじめて，研究対象となっている社会現象を過不足なく説明できるような説明図式や理論モデルが出来上がったと見なすのである。

　そして，このような段階にいたった次の作業として，理論の構築だけでなく，理論モデルの一般的妥当性について検討していく手続きに入っていく場合もある。その際には，統計的サンプリングの発想にもとづく量的分析が有効である場合も多いだろう。あるいはまた，理論モデルや作業仮説を否定する「反証事例（ネガティブ・ケース）」になりそうな事例を意図的に探し出して理論モデルの修正をはかったり，もっと広い適用範囲を持つ理論モデルを創り上げていく場合もある[16]。

7 本書の立場

「本家争い」と分派をめぐる混乱

　以上のような特徴を持つグラウンデッド・セオリー・アプローチは，それまで口伝ないし秘伝のような形でしか教えられてこなかった質的調査の具体的な手続きを，「ステップ・バイ・ステップ」式の一連の作業手順として定式化したという点で，きわめて画期的な意義を持つものであった。また，グラウンデッド・セオリー・アプローチは，従来質的調査が，ともすれば，調査の初期に主として「問題発見」などのためにおこなわれる探索的もしくは予備的な調査としての位置づけでとらえられがちであったのに対して，それが理論構築の上でも大きな意義を持つことを，非常に効果的な形で明らかにした。

　要するに，グラウンデッド・セオリー・アプローチは，質的調査に対して科学的な方法としての市民権を与える上で，きわめて大きな貢献を果たしたのである。さらに特筆すべきは，この方法論は，特定の理論的立場とは関係なく，広く質的データ分析一般に適用できる性格を持っていた，という点である。

　もっとも，グラウンデッド・セオリー・アプローチの発想を実際の質的データ分析に適用していく際には，何点か注意を要するポイントがある。

　まず第一に注意しなければならないのは，この方法論の本家本元である2人の著者，すなわちグレイザーとストラウスたち自身のあいだで，深刻な見解の対立があるという点である。実際，グレイザーとストラウスがそれぞれ別個に発表してきた著書や，ストラウスが共著者のジュリエット・コービンとともに発表してきた複数の著書や論文のあいだには，力点の置き方や用語法など，さまざまな面で意見の対立やバリエーションが見られる。これに加えて，さまざまな領域の研究者たちがこの方法論にもとづいておこなったとする実証研究には，実際にはグラウンデッド・セオリー・アプローチに関する独自の解釈にもとづいておこなわれているものも少なくない，という点にも注意が必要である。

　その「本家争い」の詳しい内容や方法論の解釈のバリエーションは，

それ自体が興味深い研究テーマになりうるだろう[17]。しかし，それは，主に方法論それ自体に関する議論や学史に関心がある場合などに限られる。グラウンデッド・セオリー・アプローチの発想を実際の調査に適用していく場合には，同アプローチのエッセンスを大づかみにとらえた上で，まず実際のデータを分析してみることの方が重要である。言葉をかえて言えば，グラウンデッド・セオリー・アプローチの解説書にある手続きや技法に関する独特の言葉使いを，絶対守らなければならない厳格な規則あるいは「お作法」のようなものとして考えるべきではないのである。むしろ，同アプローチの基本的な発想を状況にあわせて柔軟に適用していくことの方が，はるかに重要であると思われる[18]。

　この本自体も，基本的な発想という点ではグラウンデッド・セオリー・アプローチの影響を受けているが，むしろ同アプローチに独特の特殊な用語法をできるだけ使わないようにしながら，質的データの分析法について解説することを心がけてきたつもりである。

より本質的な問題

　グラウンデッド・セオリー・アプローチの発想を応用して実際の調査データを分析していこうとする際に，本家争いや解釈のバリエーションといった事柄以上に，より本質的なものとして浮かび上がってくる問題が4つある。それは，① データと理論の関係，② オリジナルの文脈の軽視，③「現場発の理論」の効用と限界，④ 研究対象の範囲という問題である[19]。

[データと理論の関係]

　一番目の**データと理論の関係**をめぐる問題というのは，グラウンデッド・セオリー・アプローチの解説書においてしばしば見られる，データと理論をそれぞれ独立した別個の存在としてみなしがちな傾向のことである。これは，「理論の発見」という言い回しに典型的に現れている。グレイザーとストラウスの記念碑的な著作自体，『データ対話型理論の発見 (The *Discovery* of Grounded Theory)』というタイトルになっているが，グラウンデッド・セオリー・アプローチでは，データというものを，それを収集したり記録していく際に用いる分析的

な視点とは別個に存在する客観的な実体として見なしがちである。だからこそ，その客観的なデータの分析を通して唯一確実な理論を「発見」することができると想定するのである[20]。

　このような見方は，特にグラウンデッド・セオリーの場合に限られたものではなく，より一般的には，社会調査の方法論に関する書籍などでよく見られる「データそのものに語らせる」という（狭い意味での）現場主義的な発想ときわめて近い関係にある。実際には，それが数値データであれ文字テキストであれ，社会調査で扱うようなデータの多くは，すでに特定の物の見方や理論的立場というフィルターを通した上で収集され，また記録されたものなのである。その意味では，社会調査で使われるデータには，それを収集した人々の解釈があらかじめ織り込まれているのだと言える。したがって，ただデータを集めさえすれば，そのデータそれ自体によって物事の本質を客観的な形で明らかにすることができるというわけでは，決してないのである[21]。

　これについては，インタビューの結果をテープ起こししたり，現場観察記録としてのフィールドノーツをつけた経験があれば，誰でも思い当たる点があるだろう。というのも，一度でもそのような経験があれば，それらの記録を作成する時には，必ずしも見たり聞いたりした内容をすべてを機械的に記録するわけではなく，実は何らかの基準によって適宜取捨選択している，ということを知っているはずだからである。つまり，社会調査のデータというのは，客観的に存在するモノを「収集」するのではなく，実際にはむしろ何らかの選択基準によって選び取った上で，一定の「編集」を加えているのである。その意味では，**すべてのデータは記録・収集の段階で，すでに第一段階の分析（解釈）の手が加えられている**のだと言える。

　ところが，そのようにして実際には人間による分析や解釈が加わっているはずのデータも，いったん紙の文書や電子ファイルあるいはそのプリントアウトという，目に見え手でさわれるモノの形になってしまうと，データそれ自体が厳然たる客観的な構造や体系性を持っているように思えてきてしまう。そして，わたしたち分析者のなすべき仕事は，そのデータについて最も的確に説明できる理論を発見することに尽きるのだと思えてくる。また，グラウンデッド・セオリー・アプローチのような手順を用いてある程度システマティックな形で質的デ

ータを分析していると，たしかに「データそのものに語らせる」ことができた，と思えてくる瞬間がある。しかし，それは一種の錯覚に過ぎない。実際には，データの再編集の作業を通じて，分析をおこなうわたしたち自身の解釈をあらためて確認している部分がかなり大きいのである。つまり，データを通して「語って」いるのは，あくまでもわたしたち自身なのである。

したがって，グラウンデッド・セオリー・アプローチの基本的なアイディアを生かしながら質的データを分析していく際には，データそのものが，どのような意識的なあるいは暗黙のうちの仮定や前提のもとに記録・収集され，またどのような視点にもとづいて取捨選択されたものであるか，という点を常に考慮に入れておく必要がある[22]。

［オリジナルの文脈の軽視］

データ収集の際に実際にはすでにおこなわれてしまっている第一段階の分析について認識しておかなければならないというポイントは，とりも直さず，そのデータが埋め込まれていたもともとの文脈を常に意識する必要がある，ということをも意味する。この点においても，グラウンデッド・セオリー・アプローチに関する解説書などでは，必ずしも十分な配慮がなされていないことが多い。それは，特に，コーディングの作業が持つ性格についての，やや単純なとらえ方となって現れている。

第2章と第3章で解説したように，一般に，コーディングという手続きを中心にした質的データ分析においては，文字テキストを「文書セグメント」という一定のまとまりを持つ単位に分割していく作業が非常に重要な位置を占めている。グラウンデッド・セオリー・アプローチの場合もこれは同様であり，文書の特定部分に対してさまざまな種類のコーディングを繰り返していく中で，概念的カテゴリーが生み出され，またそれを統合した概念モデルや説明図式が構築されていく，ということが想定されている。

しかし，本書における解説とはやや異なり，グラウンデッド・セオリー・アプローチには，そうしていったんセグメント化された文書データは，そのデータが埋め込まれていたもともとの文脈とはほぼ完全に切り離して検討することができるだけでなく，理論モデルを構築し

ていく際にも自由自在に組み合わせて使うことができる一種の部品（パーツ）のようなものとしてとらえる傾向がある[23]。これはひとつには，グラウンデッド・セオリー・アプローチの創始者たちの関心が社会生活の丹念な「記述」というよりは，現象の成り立ちを「説明」できる理論の構築にあった，という事情によるものと思われる。もうひとつの重要な背景としては，上で述べた，データと理論とをそれぞれ独立した実体として考えがちな傾向もあげられる。

　本書ではこのような立場とは対照的に，個々の文書セグメントの持つ意味は，その断片が埋め込まれていた元の文脈を考慮に入れてこそ明らかになるものだと考えている。たしかに，かなり一般的かつ抽象的な説明図式を作成していく時などには，「脱文脈化」を経ていったん元の文脈から切り離してバラバラにしたセグメント同士の関係について検討していく作業によって，重要な手がかりが得られることも少なくない。しかし，そうやって一度組み立てた説明図式や概念モデルの妥当性や一般性について再確認したり，あるいはその図式を大幅に見直してみるような時には，どうしても元の文脈に立ち返って，その文書セグメントの持つ意味や位置づけについて検討してみることが必要になってくるのである[24]。

　本書で見たように，さいわい，QDAソフトウェアには，セグメントが埋め込まれていた元の文脈を参照することが比較的容易に，かつ迅速にできるような機能が組み込まれている。質的データ分析をおこなう際には，このような機能を必要に応じて活用していくことが望ましいだろう。また，ソフトを用いずに主に紙ベースで分析を進めていく場合でも，何らかの工夫によって，常にオリジナルの文脈に戻って，文書セグメントが持つ意味について確認できるようにしておいた方がいいだろう。

[「現場発の理論」の効用と限界]

　「現場発の理論」の限界というのは，グラウンデッド・セオリー・アプローチにもとづいておこなわれたとされる調査研究の中には，しばしば，データから理論を立ち上げていくことを強調するあまり，調査全体のいずれかの時点で既存の理論や先行研究を参考にしていれば得られたはずの視点やアイディアを軽視しているものがある，という

ことを指している。

　調査の対象となっている社会生活の現場感覚と感性を生かしながら理論を組み立てていくプロセスを強調するのは，それ自体は，きわめて望ましいことである。しかし，その一方で関連文献の読み込みがおろそかになっているために，きちんとした理論というよりは，事例についての平板な記述に終わっていたり，自分が見聞きした事実をただ一般的な言葉に置き換えただけに過ぎないような研究例も少なくないのである。

　これとよく似た状況は，第2章でふれた，紙のカードによって「似たもの集め」の要領でボトムアップ的にアイディアをまとめていく，いわゆる「**KJ法**」と呼ばれる方法を使っておこなわれる調査研究の報告書などにおいてもよく見られる。これは，たとえば，学部学生が，まだ問題意識も固まっておらず，また関連文献もあまり読み込んでいない段階でレポートをまとめようとする時などによく起きる。このような段階では，いきなりKJ法の要領で情報をカード化して整理してみようと思っても，結局は常識程度の結論を出して終わり，ということになりかねない。それでも，形式上は一定の手順にしたがって分析をおこなっているために，データに根ざした説明の枠組み，ないしある種の「理論」ができたという錯覚にとらわれてしまいがちになることが多い。

　全く同様の点が，グラウンデッド・セオリー・アプローチについても指摘できる。同アプローチの要領で聞き取りの記録やフィールドノーツの要所要所にコード・ラベルをつけていき，またそのようなラベルを統合できるような一種のキーワードを考えつきさえすれば，ある程度は理論らしきものが出来上がってしまうことも多いのである[25]。しかし，そのようなプロセスを経て構築された説明図式が，もし日常よく使われている言葉を，それよりはやや抽象的で一般的な言葉に置き換えただけのものであったとしたら，その図式の説明力にはかなりの限界があると言わざるを得ないだろう。

　KJ法あるいはグラウンデッド・セオリー・アプローチが理論構築という点で真の意味で威力を発揮するのは，むしろ現場での実践経験や調査体験を踏まえた上で，それを理論文献や先行研究で言われている内容と丹念につき合わせていく作業がきちんとなされた時であろう。

つまり，KJ法やグラウンデッド・セオリー・アプローチが真価を発揮するのは，少なくとも調査の最終段階までに，現場で見聞きしたさまざまな事柄と理論的なアイディアとをしっかりと結びつけることができた時なのである。

というのも，「理論」[26]と呼ぶにふさわしい説明図式や分析モデルを練り上げていくためには，質的データが持つ意味を固定観念——その中には，「現場主義」的なものの見方も含まれている——にとらわれずに，さまざまな角度から複眼的にとらえていく作業がどうしても必要になってくるからである。それは，現場体験や「実感」の蓄積だけではなく，関連文献や先行研究をある程度広く，また注意深く読み込むことによってこそ可能になるものだと言える。そのような経験を経ることによって理論的な分析をおこなう際の視野が広がっていき，また狭い意味での「現場主義」，すなわち自分の見聞きした範囲のことだけを確かな根拠だと思いこんでしまう傾向を避けることもできるのである[27]。

より技術的な点に関していえば，これは，質的データに対するコーディングの際に，既存の理論に含まれている概念やアイディアにもとづいて作成されるコード・ラベルを状況に応じて適宜使用していく，ということでもある。もちろん，その際には，得られたデータに対して出来合いの抽象的な用語を無理矢理に押しつけるべきではない。あくまでもデータから示唆されるところを注意深く読み取り，また，時によってはそれを通して既成の概念の意味を大幅に修正していくような努力も必要になってくるだろう[28]。

既存の理論的枠組みに対するそのような注意深い配慮がある限りは，先にあげた〈1行ごとのコーディング → 選択的コーディング〉という順番を厳格に守る必要がない場合も出てくる。つまり場合によっては，既存の理論の枠組みに従ってある程度トップダウン的に，第3章で見たツリー構造形式のような分析モデルを最初に仮説的な枠組みとして作っておいて，実際のデータとつき合わせながらそれを修正していく，というような分析のやり方が，有効なこともありうるのである[29]。

［研究対象の範囲］

グラウンデッド・セオリー・アプローチの発想を質的データ分析に

適用していく際に注意すべき最後のポイントは，この方法論が主として適用されてきた社会生活の領域がどのような性格を持つものであったか，という点と密接に関わっている。先に述べたように，グラウンデッド・セオリー・アプローチは，欧米においてもまた日本においても，看護やケア，あるいは教育実践に関わる研究分野において最も頻繁に適用されてきた調査方法である。そのような事情もあって，グラウンデッド・セオリー・アプローチに関する解説書で紹介されている分析手続きの多くは，人と人とが互いに顔の見える範囲でおこなう**ミクロレベルの社会過程**に関わるものが中心となっていた。

実際，本章で示した【例示1】および【例示2】にしても，臨床的問題についての調査研究からの引用である。また，117ページであげた，コーディングの際にデータに投げかけていく問いの例にしても，その多くがミクロなレベルの社会現象に関わるものである[30]。

もっとも，先に述べたように，グラウンデッド・セオリー・アプローチに含まれているさまざまな発想やテクニックには，実際には特定の問題関心や理論的視点を離れても適用できる側面が多分にある。事実，本書で紹介したQDAソフトウェアは，このアプローチのアイディアをかなり取り入れて設計されているものであるが，これまで見てきたように，マクロ・レベルの社会現象——たとえば，さまざまな業界の再編とその背景に関わる問題——の分析についても十分に適用可能なものである。

この点からしても，質的データ分析にあたってグラウンデッド・セオリー・アプローチに関する解説書を読んでいく際には，それらの書籍の中で扱われている分析対象と自分が扱おうと思っている分析対象とのあいだにどのような類似性や相違点があるかを常に考慮に入れながら，特に有効であると思われるポイントを慎重に見きわめた上で採用していった方が得策であろう。特に，同アプローチの解説書の中には，ミクロな分析にこそ当てはまると思われる手順について詳しく紹介しているものもあるため，その細部の解説内容にとらわれすぎると，方法や技法と研究対象とのあいだに深刻なミスマッチが生じてしまう恐れがある[31]。

補論 定性的コーディング 対 定量的コーディング

2つのタイプのコーディングの概要

代表的な QDA ソフトの1つ NVivo の開発者のひとりでもあるリン・リチャーズは，グラウンデッド・セオリー・アプローチなどでおこなわれる定性的コーディングとサーベイ調査などでなされる定量的コーディングの違いについて，表10・3のように整理している。

表10・3 定量的コーディング 対 定性的コーディング

	定量的コーディング	定性的コーディング
調査プロセスの中での位置づけ	通常は，データ収集とデータ分析のあいだに一度だけ実施される	調査の過程で何度となく繰り返しおこなわれる
概念的カテゴリーとの関係	事前に決められたカテゴリーをデータに対して当てはめていく	データの分析作業を通じて概念的カテゴリーそのものを構築していく
元のデータとの関係	元のデータはコードによって要約されたり置き換えられたりする	元のデータのコピーないしその指示物が保存されるため，いつでも元のデータを参照することができる
柔軟性	元のデータが保存されないために，コード体系そのものに立ち返って検討することは不可能なことが多い	概念カテゴリーの展開についてチェックするために何度となくコード体系に立ち返って検討することが可能
調査プロジェクトの最中に概念的カテゴリーのコード・ラベルを変更する可能性	通常は予備調査以降では新しいカテゴリーは一切追加されない	調査の最終段階になるまで常に新しい概念カテゴリーが構築されていく可能性がある
既存のカテゴリーの再構築・修正	より単純な概念化をおこなうために複数のコードをまとめて少数のコードにすることがある	コードを割り振った資料にさらに「追加的コーディング」をおこなうことによって，新しいコードやその下位コードが構築されることがある。複数の概念カテゴリーを1つにまとめるのは，それらのカテゴリーのあいだに共通の意味が見いだされた時である
調査チームによる作業との関連	コーディングは基本的に事務的な作業であり，分析作業と切り離すことができる	コーディングに従事する者は分析の作業に関わっているのであり，研究チーム全体が解釈作業に関わることになる

出所：Lyn Richards, *Handling Qualitative Data*, Sage, 2005, p.86.

定量的コーディング

　ここで言う定量的コーディングとは，サーベイ調査の質問票の場合で言えば，一つひとつの設問に対する回答に対して特定の記号ないし符号を振り当てていく作業を指す。たとえば，回答者の性別については，男性だったら 1 を，女性だったら 2 を割り当てるというようなやり方である。質問については，回答が「ハイ」だったら 1，「イイエ」だったら 2 をあててコーディングをおこなう場合もある。また，特定の問題についての意見に関して「大いに反対・どちらかと言えば反対・どちらでもない・どちらかと言えば賛成・大いに賛成」というような 5 点尺度によって回答を求めるような場合には，それぞれの選択肢に対して「1・2・3・4・5」というような数字を当てはめていったりする。

　したがって，たとえば下の 2 つの例では，上の欄に文字で示した回答内容は，コーディングの作業を経て，それぞれ矢印の下に示した数値群に置き換えられていくことになる。

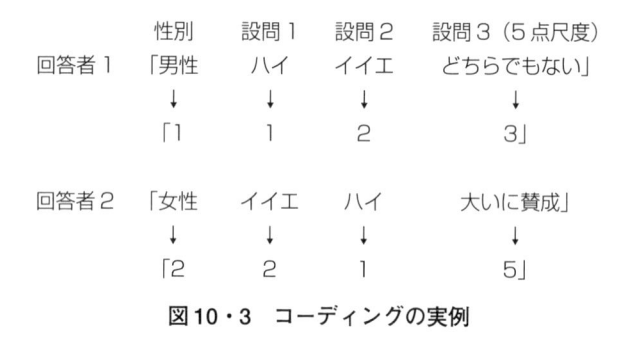

```
              性別    設問1   設問2   設問3（5点尺度）
  回答者1    「男性    ハイ   イイエ   どちらでもない」
               ↓      ↓      ↓         ↓
             「1      1      2         3」

  回答者2    「女性   イイエ    ハイ    大いに賛成」
               ↓      ↓      ↓         ↓
             「2      2      1         5」
```

図 10・3　コーディングの実例

　定量的コーディングの主な目的の 1 つは，データの「縮約（reduction）」ないしデータ量の圧縮にある。たとえば，上の回答者 1 の例で言えば，「男性，ハイ，イイエ，どちらでもない」という回答は，「1, 1, 2, 3」という数字の列に置き換えられていくことになる[32]。このような形で回答内容を，より単純でありまた「圧縮」された情報量のデータに変換していけば，その後の集計や統計解析の作業は，はるかに効率的なものになる。

　このような要領でおこなわれる定量的コーディングの一連の手続き

を図示すると，図10・4のようになる。

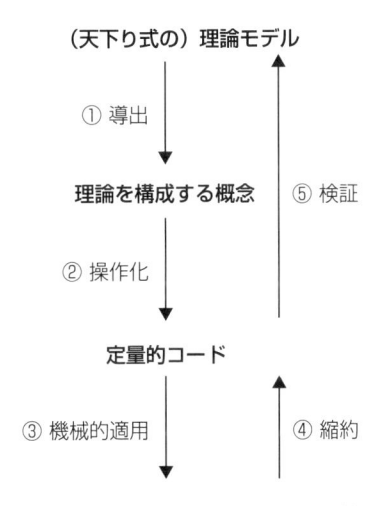

```
              (天下り式の) 理論モデル
                    │
                 ① 導出
                    ▼
              理論を構成する概念          ⑤ 検証
                    │                    ▲
                 ② 操作化                │
                    ▼                    │
                定量的コード ─────────────┘
                    │                    ▲
              ③ 機械的適用              ④ 縮約
                    ▼                    │
            原データおよびその文脈に関する情報
```

図10・4　定量的コーディングの一連のプロセス

　この図に見るように，定量的コーディングの場合には，それぞれのコードは既存の理論モデルから導き出された概念にもとづいて作成されたコード（①→②）を，データに対してかなり機械的に当てはめていく作業（③）が中心になる。仮説検証型の調査をおこなう人々は，そのコーディングの作業を経て縮約されたデータ（④）を元にして，理論モデルないしそこから導き出された仮説の確からしさを検証していくことになる（⑤）。

　このような形でおこなわれる定量的コーディングの場合には，データにコードを割り当てていく作業は，通常，調査全体の中で1回だけおこなわれる手続きになる。また，かなり事務的な作業でもあるため，多くの場合はアルバイト要員に任せてもかまわないものとなる。そして，オリジナルのデータは，図10・4のような手続きを経て一度数値群に置き換えられた段階でいわば「用済み」のものになり，実際その後の時点であらためて詳しく検討されることは滅多にない。したがって，コードの適切さや複数のコード同士の関係について吟味するようなこともあまりなされない。

定性的コーディング[33]

　以上のような典型的な定量的コーディングの手順と対比させる形でグラウンデッド・セオリー・アプローチにおける定性的コーディングの手続きを図示すると，図 10・5 のようになる。

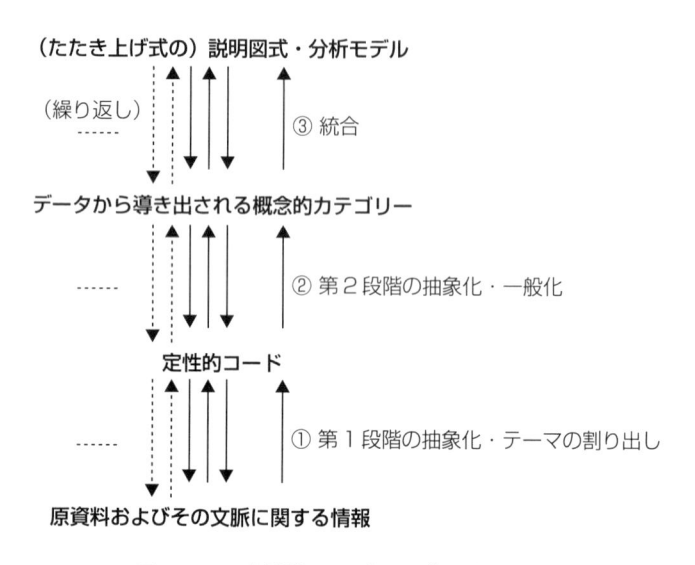

```
        （たたき上げ式の）説明図式・分析モデル
                ↑↓↑↓  ↑
     （繰り返し）       ③ 統合
         ……    ↑↓↑↓
                ↓
        データから導き出される概念的カテゴリー
                            ↑
         ……    ↑↓↑↓    ② 第2段階の抽象化・一般化
                ↓
               定性的コード
                            ↑
         ……    ↑↓↑↓    ① 第1段階の抽象化・テーマの割り出し
                ↓
        原資料およびその文脈に関する情報
```

図 10・5　定性的コーディングの手続き

　本章で解説してきたことからも明らかなように，グラウンデッド・セオリー・アプローチでおこなわれるような定性的なコーディングは「一度やってしまえばそれでおしまい」というような機械的ないし事務的な作業ではなく，むしろ調査の全プロセスを通して何度となく繰り返しおこなわれていくものである。そのためには，質的データ分析をおこなう者は，幾度となく元の文書データに立ち返って，「データの要所要所に割り振ったコードやそれに対応する概念的カテゴリーが果たして適切なものであるかどうか」，あるいはまた「コードおよび概念的カテゴリー同士の関係はどのようなものであるか」などという点について検討していく必要がある。

　本章で見たように，「データ対話型理論」は，まさにそのようなデータとコード，コードと概念，概念と分析モデルのあいだで何度とな

く繰り広げられる往復運動を通して構築されていくものであり，また調査の全プロセスを通して常に新しいコードが形成されていく可能性がある。したがってまた，分析の対象となっている元の文書データは，調査の最終段階まで重要な資料として保存されていくことになる。

　言葉をかえて言えば，定量的コーディングの場合とは違って，定性的コーディングの場合には，データにコードを割り振っていくことの主な目的は，そのデータを「圧縮」ないし縮約してその後の分析作業を効率化することにはないのである。実際，質的分析の場合には，むしろ逆にコーディングやメモを書くプロセスを経てデータの量それ自体は増えていくことが多い。しかし，そのようにして量的には増加したデータは，索引ないし小見出しのような性格を持つコードが付加されてより組織化されることによって，分析データとしての取り扱いが容易になり，また概念間の関係構造のパターンが明らかになっていくのである[34]。

　このような点からすれば，コーディングの手続きによる質的データの分析は，翻訳の作業に喩えることができるかも知れない。実際，定性的コーディングの主な目的は，社会生活の現場で使われているさまざまな言葉を，それぞれの言葉が使われている文脈に細心の注意を払いながら少しずつ「理論の言葉」に置き換えていくことにある。そして，定性的コードは「現場の言葉」の一つひとつの意味を理解し，また，原文の意味や文脈を理解した上で，それを理論の言葉に置き換えていく際の手がかりを探っていくための重要な道しるべを提供しているのだと言える。

演繹と帰納

　ここで注意しておきたいのは，図10・4と図10・5とでは，①から③までの手順が逆になっているということである。つまり，図10・4に示される定量的コーディングでは，〈理論 → 概念 → コード → データ〉という順番になっているのに対して，図10・5で示されている定性的コーディングでは，逆に〈データ → コード → 概念 → 理論〉という順番になっている。これは，仮説検証型のサーベイでおこなわれる定量的コーディングが，一般理論から導き出される概念によってデータを解釈する，いわゆる「演繹型」の調査デザインをとることが多

いのに対して，グラウンデッド・セオリー・アプローチなどでおこなわれる定性的コーディングの場合には，逆にデータから概念や分析モデルを立ち上げていく，いわゆる「帰納型」の調査デザインをとることが多い，という事実に対応している。

　もっとも，本章の6でも指摘したように，グラウンデッド・セオリー・アプローチの解説書によく見られる見解とは対照的に，本書では，コードや概念の形成に関して必ずしも演繹的なアプローチを否定するわけではない。事実，本書では，定性的コーディングの作業においては，時にはむしろ定量的コーディングに近い形での，図10・4で言えば〈① → ②〉で示したような形でのコードの構築が，しばしばきわめて重要な意味を持つことを仮定している。つまり，質的データの分析に際しては，既存の理論に含まれている概念を元にしていくつかのコードを設定し，それと実際のデータとをつき合わせていく中で理論を洗練させていくことがきわめて重要な手順となるケースも，少なくないのである[35]。

あとがき

　「はじめに」でも述べたように，本書では，QDA ソフトウェアの使用法に関しては，最も基本的な項目に焦点を絞って，できるだけ簡明な解説を心がけた。

　実際には，いずれのソフトの場合も，本書で紹介した基本的な機能以外にも，さらに複雑で高度な分析をおこなうための機能が文字通り満載されており，それに応じてマニュアルもかなり大部のものになっている。たとえば ATLAS.ti の英語マニュアル（開発元のホームページからダウンロードできる）は，A4 判の用紙にして 400 ページ以上にもおよぶものである。また，分量が比較的少ない MAXqda の場合でも，導入版のマニュアルで 90 ページ以上，レファランス・マニュアルは 300 ページ以上のものになっている。これらのソフトウェアが持つ全機能を網羅するとしたら，どれか 1 つのソフトについてだけでも本書の数倍の分量が必要になるだろう[1]。

　もっとも，1 ユーザーとしての著者の率直な感想としては，それぞれのソフトに盛り込まれている実に多彩な機能の中には，質的データ分析にとって必ずしも本質的ではないものも含まれているように思われる。ユーザーとしては，むしろ，本質的ないくつかの機能に絞って，操作体系を思い切って簡略化してくれた方が，分析作業そのものに集中できるような気さえするほどである[2]。（実際，これが，著者自身は現在もっぱら MAXqda を愛用している理由でもある。）

　この本を執筆した動機のひとつには，本書の刊行をきっかけとして，日本において独自の QDA ソフトウェアが開発されることを期待しているというものがある。その際には，上記の点についての配慮を強く希望したい[3]。

　なお，文字テキストデータをさまざまな角度から検討していく作業は，いわゆる質的調査と呼ばれるタイプのリサーチだけでなく社会調

査一般においてきわめて重要なポイントになるが，その作業においてテクニカルな面だけが突出してしまうことには，よほどの注意が必要であろう。量的データの処理についても全く同様の点が指摘できると思うのだが，情報処理技術はあくまでも社会調査をおこなう上でのひとつの手段に過ぎず，決してそれ自体が最終的な目的ではないのである。

　データを的確に読み取っていくために必要なセンスを身につけ，またそのデータそれ自体の質を高めていくためには，広い意味での「現場感覚」こそが重要になってくる。その現場感覚は，みずから現場に足を運び，そこで起こる出来事を自分の目と耳で見聞きし，また現地の人々とのあいだで何度となく対話や会話を交わすことによってはじめて身についていくものであろう。そして，本書で紹介したQDAソフトウェアは，その現場感覚をより確かなものとして鍛え上げていくためのきわめて重要な手段を提供してくれるに違いないが，決してそれを代替するものではない。

　同じように，電子化されたデータへの過度の依存という問題についても注意を促しておきたい。序章でも指摘したように，さまざまな情報の電子化は，情報処理の効率性や知識や情報の共有という点に関して社会調査の持つ可能性を飛躍的に拡大させてきたと言える。しかし，それが一方では，電子化されていない情報については，自分自身で手間と時間をかけて調べあげていくことを厭うような風潮を生み出しているという気がしてならない。

　明らかに，これは本末転倒である。

　実際，現場調査をおこなっていると，まだ電子化されていない情報，あるいは何らかの理由によって電子化になじみにくい種類の情報にこそ，社会生活を分析し，また人々の心情について理解していく上できわめて重要な情報が含まれていることに気づかされる場合が少なくない。そのような情報をみずからの手で掘り起こしていくことは，「質的研究の質」を高めていく上で，最も重要な課題のひとつであるに違いない。

謝　辞

　本書は，科学研究費補助金（課題番号 15530320）「社会科学における民族誌的手法の体系化と深化に関する実証的研究」の助成を受けておこなわれてきた研究の成果のひとつとして刊行されるものである。またこの本を作成する活動は，一橋大学大学院商学研究科を中核拠点とした 21 世紀 COE プログラム（「知識・企業・イノベーションのダイナミクス」）にもとづいて作られた日本企業研究センターからの研究支援を受けている。

　本書の刊行に際しては，多くの人々からご援助やご示唆を頂戴した。それらの方々に，心からのお礼を申し上げたい。

　特に，本書の旧版でソフトの分析例として使わせていただいたデータを提供してくださった，早稲田大学・山田真茂留教授および社会学演習Ⅲ受講生の皆さん，群馬大学・結城恵准教授，岩手県立大学・細江達郎教授に感謝の念を捧げたい。

　新曜社の塩浦暲さんには，今回も本書全体の構成や言い回しなどについて厳しくかつ的確なご指導をいただいた。新曜社から出させていただいた本は，暴走族に関する 2 冊の民族誌にはじまって，翻訳書や共訳書等も含めてこれで 11 冊目になる。

　それぞれのソフトウェアの開発元のサポート担当者の方々にも，感謝の念を表明しておきたい。なお，各ソフトとも，総じてサポートによるレスポンスは良好であることを付記しておきたい。

　本書の執筆過程では，その原型となった教材用マニュアルに対して，さまざまな形でのフィードバックを寄せてくれた，著者の勤務校である一橋大学の以下の講義の受講生にも感謝したい——「理論構築の方法」（MBA プログラム），「企業調査法特論」「大学院演習」（大学院研究者養成コース），学部演習（商学部）。

　最後に，さまざまな事情でここで直接おひとりずつお名前をあげさせていただくわけにはいかないが，この場を借りて，著者がこれまでおこなってきたフィールドワークにおいてお世話になったインフォーマントの方々にお礼の言葉を申し上げたい。現場調査において出会う人々は，フィールドワーカーにとって何らかの意味での師にあたるこ

とが少なくない．中でも，現地の人々，すなわちインフォーマントの方々は，最も重要な師匠になる．その師の目には，著者がこれまで発表してきた民族誌は，自分たちの生活や心情についての，きわめて不満足なレポートとして映っているかも知れない．本書は，その「不肖の弟子」である著者が，何とかインフォーマントの方々のご厚意に報いようとして悪戦苦闘してきた修業の過程に関する，ひとつの報告書でもある．

2008年10月

著　者

注

第1章　質的データとは何か？
[1] Gideon Kunda, *Engineering Culture*, Temple University Press, 1992, p.196.（樫村志保訳・金井壽宏解説・監修『洗脳するマネジメント』2005年，p.298.）
[2] Kunda, *Engineering Culture*, p.182, 同訳書 pp. 277-278.
[3] もっとも我々には，数値で示されているというだけで，ともすればそれを客観的で科学的なデータと信じ込んでしまいがちな傾向がある。また，その傾向を悪用することによっていい加減な質問紙調査の結果をもっともらしいデータに見せかける一種の「データ・ロンダリング」とでも呼ぶべき操作がおこなわれることも多い。データ・ロンダリングのさまざまな「手口」に関しては，たとえば，ダレル・ハフ（高木秀玄訳）『統計でウソをつく法』講談社，1968年，谷岡一郎『「社会調査」のウソ』文春新書，2000年，大谷信介『これでいいのか市民意識調査』ミネルヴァ書房，2002年等を参照。公式統計をめぐるさまざまな問題については，Mark Haier, *The Data Game*, M.E. Sharpe, 1991; Nicholas Eberstadt, *The Tyranny of Numbers*, AEI Press, 1995; William Alonso & Paul Starr eds., *The Politics of Numbers*, Russell Sage Foundation, 1987. 等を参照。
[4] 小池和男『聞きとりの作法』東洋経済新報社，2000年，p.149.
[5] 「言語相対性仮説」などで知られる言語学者のベンジャミン・リー・ウォーフは，ある論文で，言語学における本質的な課題は，「厳密で正確な測定（exact measurement）」ではなく，むしろ「（言語に見られる）一定のパターンの厳密かつ正確な割り出し（exact patternment）」にあると主張しているが，質的データは，まさにこのような，パターンの割り出しという点に関して，重要な意味を持つのである。Benjamin Lee Whorf, "Linguistics as an Exact Science," *Technology Review,* 43, 1940.

第2章　質的データ分析の基本原理——紙媒体篇
[1] 脱文脈化，再文脈化については，Renata Tesch, *Qualitative Research*, Palmer, 1990, pp.113-134. 参照。
[2] たとえば，多くのQDAソフトウェアで採用されている階層構造形式の分析モデルの構築は一種の分類作業である。一方，アルファベット順でコードを整理する際には配列原理が採用されている。
[3] さまざまな情報整理術系の解説書の中で分類の原理を提唱しているものの代表格は，川喜田二郎の『発想法』（中央公論社，1967年）や梅棹忠夫の『知的生産の技術』（岩波書店，1969年）である。（もっとも梅棹は後に，情報整理に関しては配列原理の方を強調している。これについては，梅棹忠夫編『私の知的生産の技術』（中央公論社，

1988 年），p.5 参照。）一方，配列原理に関しては，山根一眞の 50 音順による「山根式袋ファイリング・システム」や野口悠紀雄が『「超」整理法』（中央公論社，1993 年）において提案している時間順の配列などが代表的なものである。なお，日本における情報整理法の系譜については，東谷暁「日本の『情報整理』本を徹底検証する」『THE 21』（1998 年 4 月特別増刊号）が詳しい。
[4] 実際，オリジナルの文脈を保持することの重要性の程度は，質的調査と量的調査におけるデータ処理に見られる顕著な違いである。量的調査においては，情報の数値データへの「還元」ないし縮約（reduction）がおこなわれた後は，元の文脈を参照することはあまり多くない。これに対して，質的調査の場合には，頻繁にオリジナルな文脈への参照がなされる。またデータ自体が，縮約されるどころか，むしろ新しい文脈への組み込みによって文書量が増大することすら稀ではない（Tesch, *Qualitative Research*, pp.138-139）。
[5] 中野不二男『メモの技術』新潮社，1997 年，p.24；関満博『現場主義の知的生産法』筑摩書房，2002 年，pp.111-114.

第 3 章 質的データ分析の基本原理――電子媒体篇
[1] 津野海太郎『本はどのように消えてゆくのか』晶文社，1996, p.10.
[2] これは，Tesch が *Qualitative Research* でデータ切り出し（segmenting），コーディング（coding），データ貼り付け（collating）と呼んでいる手続きにほぼ対応する。
[3] GREP などと呼ばれる文字列検索用のプログラムや同機能をオプションとして持っている各種エディタの場合は，タグジャンプ機能などと呼ばれるものがこれにあたる。
[4] Pat Bazeley & Lyn Richards, *The NVivo Qualitative Project Book*, Sage, 2000, p.114. これは，第 10 章で見るように，グラウンデッド・セオリー・アプローチでは「継続的比較法」と呼ばれている分析法にほぼ該当する。なお，本文中で分析上重要なポイントが「自然に浮かび上がって」くるように見えると書いたのには，若干語弊がある。というのも，第 10 章で述べるように，概念モデルがどのようなものになるかは，実際には分析者が持っている暗黙裏ないし明示的な理論的前提によるところが大きいからである。分析モデルや説明図式の構築においては，それらの前提を意識化し，またさまざまな理論的視点を組み合わせていくことが非常に重要な作業になる。
[5] Lyn Richards, *Handling Qualitative Data*, Sage, 2005, pp.87-88. 高根正昭『創造の方法学』講談社，1979，第 3 章；苅谷剛彦『知的複眼思考法』講談社，2002, p.232. この区別について，ギデオン・クンダは，あるところで，「イーミック（文化内在的理解）対 エティック（文化外在的理解）」の区別と関連させて論じている（2006 年 2 月 24 日神戸大学経営学研究科経営管理特殊研究の講義にて）。なお，言うまでもなく，記述と分析の区分は絶対的な二項対立ではなく，むしろ連続性を持つものとしてとらえるべきである。

第 4 章 質的研究の特質と QDA ソフト
[1] Tesch, *Qualitative Research*, pp.95-95.

第 6 章 予備的分析
[1] 教育再生会議は，安倍晋三総理時代の 2006 年 10 月に設置が閣議決定された内閣直

属の機関である。

第8章　コード付セグメントの検索とさまざまなタイプの比較分析

[1] 統計理論について生半可な知識しかない学生が，統計解析ソフトを使って数値データを分析した時にも似たような事態がよく起こる。そのような学生の書いた論文には，もっともらしい表やグラフが提示されているのだが，彼（女）は，その図表の意味するところについて満足な説明ができないのである。

第9章　分析メモの作成とストーリー化

[1] コードメモは，セグメントにコードを割り当てた時につける場合もある。この場合，脱文脈化としてセグメント化の作業の最中に既にストーリー化の作業は始まっているのだと言える。

[2] より詳しくは，Anselm Strauss & Juliet Corbin, *Basics of Qualitative Research 2nd ed.*, Sage, 1998, pp.221-223（＝同訳書，2004，pp.274-276）参照。

第10章　「データ密着型理論」としてのグラウンデッド・セオリー

[1] Strauss & Corbin, *Basics of Qualitative Research,* p.279.（操華子・森岡崇訳『質的研究の基礎　第2版』医学書院，2004年，p.339-340）．

[2] Robert K. Merton & Elinor Barber, *The Travels and Adventures of Serendipity*, Princeton University Press, 2004.

[3] 実際には，質的調査の場合にも，図10・1のような形で調査がおこなわれる例がある。たとえば，現地に行った時はデータ収集だけをおこない，分析の際には無理矢理データのあいだの一貫性を求めるような場合である。

[4] 実際におこなわれているいわゆる「アンケート調査」では，図10・1のような仮説構成や仮説検証が一切なされていない安直な実態調査の方がむしろ多いとさえ言える。言うまでもなく，このような場合，データ収集とデータ分析の作業のあいだには，さらに著しい分断が見られることが少なくない。

[5] もっとも，実際には，世論調査や市場調査あるいは住民意識調査などの報告書の場合には，図10・1のようなデザインの調査で野放図な事後解釈のオンパレードになることも珍しくない。これについて，飽戸弘は次のように述べている――「もっとひどいのは，無手勝流で，やたらといろいろな質問を機関銃のようにしておいて，都合のよい結果がでた質問だけを取り上げて，事後解釈をし，おもしろおかしく話を作り上げ，それが調査報告書だと思っているものが何と多いことか。こういう調査ばかりやっている人たちというのは，事後解釈について何の罪悪感も持っていないのだから始末に負えない」（飽戸弘『社会調査ハンドブック』日本経済新聞社，1987年，p.153）。

[6] 邦訳では「データ対話型理論」という訳語があてられているが，ストラウスとコービンも，あるところで，調査者とデータのあいだの会話（conversation）について指摘している。Anselm Strauss & Juliet Corbin, "Grounded Theory Methodology," In Norman K. Denzin & Yvonna S. Lincoln eds., *Strategies of Qualitative Inquiry*, Sage, 1998, pp.173-174. 参照。

[7] Kathy Charmaz, "Grounded Theory," In Robert Emerson（ed.）, *Contemporary Field Research 2nd Edition*, Waveland, 2001, p.343.

[8] 実際には，質的データ分析においては，複数のデータ同士，データと概念的カテゴリーという2種類の比較だけでなく，それらの作業を通して，複数の概念的カテゴリー同士を相互に比べてその関係を割り出していく，という第3の比較をおこなっていることが多い。また，QDAソフトで提供される概念モデルをツリー構造で表示し，またそれを再編していく機能は，この3種類の比較をセグメント同士，コードとセグメント，コード同士の比較という形で効率的におこなうことを可能にしている。

[9] グラウンデッド・セオリーに関する文献では，「選択的コーディング」という場合には，単一の主要な概念カテゴリー（中核的カテゴリー（core category））を中心にして概念間の関係を体系化し，また説明図式を精緻化していくプロセスを指すことが多い。本書では，それ以前のプロセスをも含めて，より抽象度の高いコードを割り振ったり，コード間の関係について検討していく作業を指して，「焦点を絞ったコーディング」と呼ぶことにする。

[10] これをギデオン・クンダは，イーミック（文化内在的）な言葉をエティック（文化外在的）用語に置き換えていく作業と性格づけている。実際には，定量的コーディングも，調査対象者の回答を概念的なカテゴリーに対応する符号に置き換えていくという意味では翻訳作業に近い性格を持っている。もっとも定量的コーディングの場合は，翻訳でいえば単語レベルの機械的な置き換えのレベルにとどまることが多い。

[11] Charmaz, "Grounded Theory," p.344.

[12] このメモには理論的サンプリングの方針についてのコメントも含まれているという点についても注意したい。また，さまざまなタイプのメモないし「覚え書き」については，ロバート・エマーソン他（佐藤郁哉他訳）『方法としてのフィールドノート』新曜社，1998年，第6章および，佐藤『フィールドワークの技法』第6章参照。

[13] グラウンデッド・セオリーに関する解説書では，「軸足コーディング（axial coding）」や「次元化（dimensionalization）」など，概念的カテゴリー同士の関係を統合して理論を作っていくためのさまざまな方法が紹介されている。たとえば，ストラウスとコービン『質的研究の基礎 第2版』および戈木クレイグヒル滋子『ワードマップ　グラウンデッド・セオリー・アプローチ』新曜社，2006. 参照。

[14] これに関連して，ストラウスとコービンは，グラウンデッド・セオリーの関心は，「個人や組織など調査対象の代表性ではなく概念の代表性である」という趣旨のことを述べている。(Anselm Strauss & Juliet Corbin, *Basics of Qualitative Research*（1st ed.）, Sage, 1990, p.190; Strauss & Corbin, *Basics of Qualitative Research*（2nd ed.）, Sage, 1998, pp.202, 214, 215, 281, 285（同訳書，2004，pp.251, 266, 267, 343, 347）.)

[15] 能智正博「理論的サンプリング」無藤隆ほか『ワードマップ　質的心理学』新曜社，2004年，pp.78-83.

[16] このようにして反証事例（ネガティブ・ケース）によって理論の妥当性を検証していく手続きを中心とする質的分析の方法の中でも代表的なもののひとつに「分析的帰納（analytic induction）」がある。これについては，Florian Znaniecki, *The Method of Sociology*, Farrar and Rinehart, 1934; Donald Cressey, *Other People's Money*, Free Press, 1953; Jack Katz, "Analytic Induction Revisited," In Emerson（ed.）, *Contemporary Field Research*, pp.331-334; Howard Becker, *Tricks of the Trade*, University of Chicago Press, 1998; Martyn Hammersley, *The Dilemma of Qualitative Method*, Routledge, 1989. などを参照。

[17] 詳しくは，Strauss & Corbin, "Grounded Theory Methodology", 木下康仁『グラウンデッド・セオリー・アプローチ』弘文堂，1999; Kathy Charmaz, "Grounded Theory: Objectivist and Constructivist Methods," In Norman Denzin & Yvonna Lincoln (eds.), *Handbook of Qualitative Research*, (2nd ed.), Sage, 2000, pp.509-535. などを参照。
[18] Charmaz, "Grounded Theory," p.510.
[19] 本書であげた以外の問題をめぐる批判については，たとえば，キャロル・ガービッチ（上田礼子他訳）『保健医療職のための質的研究入門』医学書院，2003年，pp.159-160参照。
[20] エマーソン他『方法としてのフィールドノート』pp.303-305, 353, 471-472. これは，特にグレイザーとストラウスの初期の著作に見られる傾向である。Kathy Charmaz, "Grounded Theory Method," In Robert Emerson (ed.), *Contemporary Field Research*, Little Brown, 1983, p.112; Charmaz, "Grounded Theory," p.337. 参照。
[21] データそのものは決して語らない。人間が適切な解釈をし，ふさわしいレトリックを使うことによってはじめて「データそのものが語る」ように見せかけることができるか，あるいはまた「データとともに語る」ことができるだけである。Herbert Blumer, *Critiques of Research in the Social Sciences*, Transaction Books, 1979, p.122; David Arnold, "Dimensional Sampling," *American Psychologist*, 5, 1970, p.149.
[22] また，もちろんデータそれ自体の質を高めていく必要もある。これについては，たとえば，エマーソン他『方法としてのフィールドノート』参照。
[23] たとえば，Barney Glaser & Anselm Strauss, *The Discovery of Grounded Theory*, Aldine, 1967, p.67; Barney Glaser, *Theoretical Sensitivity*, Sociology Press, 1978, p.56. また，Charmaz, "Grounded Theory," p.521; 木下『グラウンデッド・セオリー・アプローチ』pp.206-212. をも参照。また，Charmazに対するグレイザーの反論については，http://www.qualitative-research.net/fqs-texte/3-02/3-02glaser-e.htm 参照。
[24] これがとりも直さず，クンダの指摘した，質的データ分析においてイーミックとエティックという2つの視点のあいだを往復することに他ならない。
[25] グラウンデッド・セオリー・アプローチで言うところの「中核的カテゴリー」は，決して，安易なキーワードやキャッチフレーズのレベルにとどまるべきではないだろう。
[26] ここでいう「理論」は，もっぱらいわゆる「中範囲の理論」を指している。
[27] 先にあげたグランド・セオリーにもとづく社会調査が「大先生」の作った理論を無批判に信奉してしまうという意味で視野を狭くしてしまう傾向を生み出すのと実は同じように，そのような意味での現場主義も，質的データ分析において視野を狭くすることにつながってくるのだと言えよう。
[28] つまり，既成の概念を「感受概念」として使用していく必要があるのである。Herbert Blumer, "Science without Concepts," *American Journal of Sociology*, 36, 1931, 513-515; Glaser, *Theoretical Sensitivity* 参照。Strauss & Corbin, *Basics of Qualitative Research* (2nd ed.), p.115（同訳書, pp.46, 144-145）。
[29] もっとも，これはグラウンデッド・セオリー・アプローチそれ自体からはかなり異なる発想にもとづく分析の方向ではある。Michael Burawoy, *Ethnography Unbound*, University of California Press, 1991. 参照。
[30] ストラウスとコービンは，「条件マトリックス（conditional matrix）」ないし「条

件／帰結マトリックス（conditional/consequential matrix）」という形でミクロおよびマクロの要因相互の関連性を分析する枠組みを示唆しているが，その著書の中で引用されている分析例は，そのほとんどの場合についてミクロ・レベルの社会的相互作用が中心になっている。

[31] また場合によっては，グラウンデッド・セオリー・アプローチについての解説書の内容について適宜読みかえが必要になることも出てくるだろう。たとえば，117ページにあげたコーディングの際の問いにしても，「このデータはどのようなテーマを示しているか」というより一般的な問いに置き換えて考えてみれば，ミクロな社会的プロセスだけではなく，マクロな社会現象を含めて，さまざまな分析対象に適用できるようになるだろう。

[32] 言うまでもなく，回答内容とコードとの対応関係について解説しているコードブックないしコード表を使えば，いったんコード化した数字の列を元の回答パターンに復元することも比較的容易である。（これは，暗号で言えば暗号表を使っておこなう decoding（暗号解読）の作業にあたる。）こうしてみると，典型的な定量的コーディングの場合には，自由記述項目などを除けば，データの縮約によって情報内容が失われることは少ないのだと言える。もっとも，逆の面から見れば，この場合はコーディングの作業によって情報が豊かになることもない。これに対して，定性的コーディングの場合には，コーディングそれ自体が豊かな解釈を生み出すきわめて重要な作業となるのである。

[33] 本書で解説している「定性的コーディング」は，安田三郎らが「質的コウディング」と呼ぶ手続きとは全く別物である，という点について銘記しておく必要がある。安田らは，質的コウディングを，次のような手続きを指すものだとしている——「ケースワークの記録や調査票の自由回答法による回答のように，ほとんど秩序の存在しない［強調は引用者］データを分類しコウディングすること。こうすることによって，質的なデータが統計的に処理出来るという意味において，質的コウディングと名付けられる」（安田三郎『社会調査ハンドブック 新版』有斐閣，1969，p.280 および安田三郎・原純輔『社会調査ハンドブック 第3版』有斐閣，1982，p.312）。文字テキストを「ほとんど秩序の存在しないデータ」とみなしがちな視点の根底には，あくまでも数値化と統計処理を最終的な目標とする（狭い意味での）量的調査の発想があると考えられる。（この点については，本書の第1章の解説をも参照。）したがって，安田らの言う質的コウディングは，むしろ本書で解説した定量的コーディングに分類できる手続きであると言える。

[34] Tesch, *Qualitative Research*, pp.138-139.

[35] 第9章の6でも述べたように，グラウンデッド・セオリー・アプローチは，理論的な文献を読み込んでいく努力を抜きにして，ただ質的データに対して「現場の直観」にしたがってコーディングを割り振っていくことだけによって理論的にも実践的にも意味のある説明図式を築くことができる，というようなことを決して意味していないのである。

あとがき

[1] QDAソフトウェアが持つ重要な機能や使用法のうち，本書で解説を割愛したものには，たとえば次のようなものがある —— チームリサーチをおこなう際のプロジェクト

ファイルの共有・統合のための方法，特定のコードないし文字列の文書ドキュメントにおける分布を表示する機能。
[2] もっとも，これは，QDAソフトに限らず，コンピュータ・ソフト一般に言えることであろう。実際，広く普及しているソフト，たとえばWordやExcelの機能のうち，普通のユーザーが日常的に使っているのは，ほんの数パーセントであるに違いない。
[3] また，日本語の文字体系の特徴を生かした，たとえばコード等について50音順の配列を可能にするような機能は，最低限必要になるだろう。

引用・参考文献

飽戸弘, 1987.『社会調査ハンドブック』日本経済新聞社.
Alonso, W. & Starr, P. I.（eds.）, 1987. *The Politics of Numbers*. Russell Sage Foundation.
Arnold, D., 1970. Dimensional sampling. *American Psychologist*, 5, 147-150.
Bazeley, P. & Richards, L., 2000. *The NVivo Qualitative Project Book*. Sage.
Becker, H., 1998. *Tricks of the Trade*. University of Chicago Press.
Blumer, H., 1931. Science without concepts. *American Journal of Sociology*, 36, 513-515.
Blumer, H., 1979. *Critiques of Research in the Social Sciences*. Transaction Books.
Charmaz, K., 1983. Grounded theory method. In Robert Emerson（ed.）, *Contemporary Field Research*, Little Brown.
Charmaz, K., 2000. Grounded theory: Objectivist and constructivist methods. In N. Denzin & Y. Lincoln（eds.）, *Handbook of Qualitative Research*, 2nd ed., Sage.
Charmaz, K., 2001. Grounded theory. In R. Emerson（ed.）, *Contemporary Field Research 2nd Edition*, Waveland.
Corbin, J. & Strauss, A., 2008. *Basics of Qualitative Research*.（3rd. ed.）Sage.
Cressey, D., 1953. *Other People's Money*. Free Press.
デンジン, N.・リンカン, Y.（編）（平山満義監訳・藤原顕編訳）, 2006.『質的研究ハンドブック 2巻』北大路書房.
Eberstadt, N., 1995 *The Tyranny of Numbers*. AEI Press.
Emerson, R. M., Fretz, R. & Shaw, L. L., 1995. *Writing Ethnographic Fieldnotes*. University of Chicago Press.（佐藤郁哉・好井裕明・山田富秋（訳）, 1998.『方法としてのフィールドノート——現地取材から物語（ストーリー）作成まで』新曜社.）
フリック, U.,（小田博志他訳）, 2002.『質的研究入門』春秋社
Glaser, B., 1978. *Theoretical Sensitivity*. The Sociology Press.
Glaser, B. & Strauss, A., 1967. *The Discovery of Grounded Theory*, Aldine.（後藤隆・大出春江・水野節夫（訳）, 1996.『データ対話型理論の発見——調査からいかに理論をうみだすか』新曜社.）
ガービッチ, C.（上田礼子・上田敏・今西康子訳）, 2003.『保健医療職のための質的研究入門』医学書院.
Haier, M., 1991. *The Data Game*. M. E. Sharpe.
Hammersley, M., 1989. *The Dilemma of Qualitative Method*, Routledge.
細江達郎, 2002,「下北再訪：平成13年53歳の面接記録」『岩手フィールドワークモノグラフ』岩手県立大学岩手フィールドワーク研究会.
ハフ, D.（高木秀玄訳）, 1968.『統計でウソをつく法』講談社.

石黒広昭編, 2001.『AV機器をもってフィールドへ——保育・教育・社会的実践の理解と研究のために』新曜社.
加藤秀俊, 1975.『取材学』中央公論社.
Katz, J., 1988. Analytic induction revisited. In R. Emerson (ed.), *Contemporary Field Research*, Pp.331-334.
苅谷剛彦, 2002.『知的複眼思考法——誰でも持っている創造力のスイッチ』講談社.
川喜田二郎, 1967.『発想法——創造性開発のために』中央公論社.
川喜田二郎, 1970.『発想法—— KJ法の展開と応用』中央公論社.
木下康仁, 1999.『グラウンデッド・セオリー・アプローチ——質的実証研究の再生』弘文堂.
小池和男, 2000.『聞きとりの作法』東洋経済新報社.
Kunda, G., 1992. *Engineering Culture*. Temple University Press.(樫村志保(訳)・金井壽宏(解説・監修), 2005.『洗脳するマネジメント——企業文化を操作せよ』日経BP社.)
Lewins, A. & Silver, C., 2007. *Using Software in Qualitative Research*, Sage.
Merton, R. K. & Barber, E., 2004. *The Travels and Adventures of Serendipity*. Princeton University Press.
メリアム, S.(堀薫夫・久保真人・成島美弥訳), 2004.『質的調査法入門——教育における調査法とケース・スタディ』ミネルヴァ書房.
Muhr, T., 2004. *User's Manual for ATLAS 5.0*. Version 5, Scientific Software Development GmbH, Berlin.
中野不二男, 1997.『メモの技術——パソコンで「知的生産」』新潮社.
野口悠紀雄, 1993.『「超」整理法——情報検索と発想の新システム』中央公論社.
能智正博, 2004.「理論的サンプリング」無藤隆・やまだようこ・南博文・麻生武・サトウタツヤ(編)『ワードマップ 質的心理学——創造的に活用するコツ』新曜社.
大谷信介, 2002.『これでいいのか市民意識調査』ミネルヴァ書房.
Richards, L., 2005. *Handling Qualitative Data*. Sage.
戈木クレイグヒル滋子, 2006.『ワードマップ グラウンデッド・セオリー・アプローチ——理論を生みだすまで』新曜社.
佐藤郁哉, 2002.『フィールドワークの技法——問いを育てる,仮説をきたえる』新曜社.
佐藤郁哉, 2002.『組織と経営について知るための実践フィールドワーク入門』有斐閣.
佐藤郁哉, 2006.『ワードマップ フィールドワーク 増訂版——書を持って街へ出よう』新曜社.
佐藤郁哉, 2008.『質的データ分析法——原理・方法・実践』新曜社.
関満博, 2002.『現場主義の知的生産法』筑摩書房.
Strauss, A. & Corbin, J., 1990. *Basics of Qualitative Research*.(1st ed.), Sage.
Strauss, A. & Corbin, J., 1998. *Basics of Qualitative Research*.(2nd ed.), Sage.(操華子・森岡崇(訳), 2004.『質的研究の基礎——グラウンデッド・セオリー開発の技法と手順』第2版, 医学書院.)
Strauss, A. & Corbin, J., 1998., Grounded theory methodology. In N. K. Denzin & Y. S. Lincoln(eds.), *Strategies of Qualitative Inquiry*, Sage.
高根正昭, 1979.『創造の方法学』講談社.

谷岡一郎, 2000.『「社会調査」のウソ──リサーチ・リテラシーのすすめ』文藝春秋.
Tesch, R., 1990. *Qualitative Research*. Falmer.
津野海太郎, 1996.『本はどのように消えてゆくのか』晶文社.
梅棹忠夫, 1969.『知的生産の技術』岩波書店.
梅棹忠夫編, 1988.『私の知的生産の技術』岩波書店.
Van Maanen, J., 1998. *Qualitative Studies of Organizations*. Sage.
Whorf, B. L. 1940. Linguistics as an Exact Science. *Technology Review*, 43,61-63, 80-83.
安田三郎, 1969.『社会調査ハンドブック 新版』有斐閣.
安田三郎・原純輔, 1982.『社会調査ハンドブック 第3版』有斐閣.
Znaniecki, F., 1934. *The Method of Sociology*. Farrar and Rinehart.

人名索引

◆あ行

飽戸弘　147, 152
麻生武　153
安倍晋三　146
石黒広昭　153
今西康子　152
上田敏　152
上田礼子　149, 152
ウォーフ，ベンジャミン・リー　145　→ Whorf
梅棹忠夫　145, 154
エマーソン，ロバート　148-149　→ Emerson
大谷信介　145, 153
大出春江　152
小田博志　152

◆か行

樫村志保　145, 153
加藤秀俊　153
金井壽宏　145, 153
ガービッチ，キャロル　149, 152
ガーフィンケル，H.　121
刈谷剛彦　146, 153
川喜田二郎　145, 153
木下康仁　149, 153
久保真人　153
グレイザー，バーニー　105-111, 113, 115-116, 119, 127, 149　→ Glaser
クンダ，ギデオン　146, 148-149　→ Kunda
小池和男　145, 153
後藤隆　152
コービン，ジュリエット　127, 148-149　→ Corbin

◆さ行

戈木クレイグヒル滋子　148, 153
佐藤郁哉　2, 148, 153
サトウタツヤ　153
ストラウス，アンセルム　105-111, 113, 115-116, 119, 127, 148-149　→ Strauss
関満博　146, 153

◆た行

高木秀玄　145, 152
高根正昭　146, 153
谷岡一郎　145, 154
津野海太郎　146, 154
テシュ，レナタ　47　→ Tesch
デンジン，N.　152　→ Denzin

◆な行

中野不二男　146, 153
成島美弥　153
能智正博　148, 153
野口悠紀雄　146, 153

◆は行

ハフ，ダレル　145, 152
原純輔　150
東谷暁　146
フリック，U.　152
細江達郎　152
堀薫夫　153

◆ま行

操華子　147, 153

水野節夫　152
南博文　153
無藤隆　148, 153
メリアム, S.　153
森岡崇　147, 153

◆や行
安田三郎　150
山田富秋　152
やまだようこ　153
山根一眞　146
好井裕明　152

◆ら行
リチャーズ, リン　135　→ Richards
リンカン, Y.　152　→ Lincoln

◆アルファベット
Alonso, William　145, 152
Arnold, David　149, 152
Barber, Elinor　147, 152
Bazeley, Pat　146, 152
Becker, Howard　148, 152
Blumer, Herbert　149, 152
Burawoy, Michael　149
Charmaz, Kathy　147-149, 152
Corbin, Juliet　106, 147-149, 152-153　→ コービン
Cressey, Donald　148, 152
Denzin, Norman K.　147, 149　→ デンジン
Eberstadt, Nicholas　145, 152
Emerson, Robert　147-149, 152　→ エマーソン
Glaser, Barney　149, 152　→ グレイザー
Haier, Mark　145, 152
Hammersley, Martyn　148, 152
Katz, Jack　148, 153
Kunda, Gideon　145, 153　→ クンダ
Lewins, A.　153
Lincoln, Yvonna S.　147, 149, 152　→ リンカン
Merton, Robert K.　147, 153
Muhr, T.　153
Richards, Lyn　146, 153　→ リチャーズ
Silver, C.　154
Starr, Paul　145
Strauss, Anselm　106, 147-149, 152-153　→ ストラウス
Tesch, R.　145-146, 150, 154　→ テシュ
Van Maanen, J.　154
Whorf, Benjamin Lee　145, 154　→ ウォーフ
Znaniecki, Florian　148, 154

事項索引

◆あ行

アウトライン・プロセッサ 40-42
アクロバット 60
アート 50
天下り式 78, 109-110
　——のコーディング 116
アルファベット順 23, 80
アンケート 6, 10, 51, 77, 109, 113
1行ごとのコーディング 117, 120, 133
イーミック（文化内在的理解） 146, 148-149
色分け 67
インタビュー 114, 129
　——記録 3, 12, 15, 21, 25, 37, 61-62, 66
　グループ—— 73
インタラクティブ 97
　——性 45-46, 51-52, 77, 83-84, 101
美しい国 71
エクスプローラ 40
エスノグラフィー 47
エスノメソドロジー 47
エティック（文化外在的理解） 146, 148-149
演繹 139
　——的 78
　——的アプローチ 79
　——的コーディング 77
オープン・コーディング 116, 117
オリジナルの（資料の）文脈 29, 31, 130

◆か行

概念的カテゴリー 50, 71, 83, 87, 118
概念モデル 41-42, 45, 51, 65, 81, 85, 100, 146, 148
　——としてのツリー構造 78
外部データベース方式 57-58
会話分析 47
拡張子 66
仮説 51, 109-110, 112
　——検証 137, 139
　——生成 110
カテゴリー化 49
カード方式 37
　——の問題点 29
ガーベージ・イン・ガーベージ・アウト 8
紙カード：
　——によるコーディング 75
　——の併用 83
紙媒体：
　——による質的データ分析 16
　——のデータベース 15
カルチュラル・スタディーズ 47
感受概念 149
聞き取り 110
　——記録 16, 132
『企業文化のエンジニアリング』（クンダ, G.） 2-3, 5, 9-11
記述的コード 41, 43-45, 67
議事録 73
帰納 49, 139
　——型調査デザイン 140
　——的 78
　——的アプローチ 79, 83
　——的コーディング 77
教育再生会議 71, 146

京大型カード　30
グラウンデッド　107-108
グラウンデッド・セオリー・アプローチ
　　ii, 47, 105, 148-150
グランド・セオリー（誇大理論）　107
グループインタビュー　73
継続的比較法　115, 118, 122, 146
検索済みセグメントの画面表示と印刷　93
検索ツール　33
現象学　47
現場感覚　8, 142
現場観察　114
　　——の記録　16
現場主義　129, 133
現場の言葉　139
現場発の理論　131
口述史　47
項目分析　43
50音順　22-23, 80-81, 151
コーディング　40, 43, 49, 65, 68
　　天下りの——　116
　　1行ごとの——　117, 120, 133
　　演繹的——　77
　　オープン・——　116-117
　　紙カードによる——　75
　　帰納的——　77
　　軸足——　148
　　焦点を絞った——　119-120, 148
　　選択的——　120, 133, 148
　　たたき上げ式の——　116
　　定性的——　43, 65, 77, 85, 115-116, 118, 122, 135, 138, 140, 150
　　定量的——　43, 77, 116, 119, 135-137, 139,
　　手書きの段階での——　69
　　電子的な——　75
コード　43, 118
　　——メモ　97-100, 147
小見出し　118

◆さ行——
再文脈化　19-22
　　2段階の——　20
再編集　20, 34
索引　118
　　——としてのコードリスト　80
　　——用コード　26, 29, 36-37, 41, 42-44
サーベイ　51, 77, 107, 109, 113, 116, 136
　　質問紙——　6
　　ワンショット・——（一発勝負型——）
　　　51, 111-113
参照情報　102
サンプリング（標本抽出）　123
サンプル：
　　——の代表性　124
　　代表的な——　123
軸足コーディング　148
次元化　148
質的研究　ii, 8, 47, 50
質的コウディング　150
質的調査　4
質的データ　1, 4-5, 9, 13, 48
『質的データ分析法』　iii, 17, 67, 78, 87, 94, 100
質問紙サーベイ　6
　　質問紙調査　145
自由記述欄　i
柔軟性　46, 48-49, 52, 84
縮約（reduction）　136, 139, 146
出典情報　20, 26, 31
条件／帰結マトリックス　149-150
条件マトリックス　149
焦点を絞ったコーディング　119-120, 148
事例　85, 91
　　——－コードマトリックス　94
新聞（雑誌の）記事　26, 37
数値データ　1, 12, 65
スクラップブック　20, 25, 29
ストーリー　36, 42-43, 65, 72
ストーリー化　16-21, 23, 29, 34, 54, 75, 85, 97
　　——における分類原理の重要性　23
ストーリーライン　21, 23, 29, 36, 43, 118
セグメント　36, 41, 43, 65, 69, 75, 93, 116,

131
　　──化　16-17, 19, 21, 25, 54, 147
　　検索済み──の画面表示と印刷　93
　　文書──　41, 48-49, 68-69, 79, 83, 130
折衷性　50
説明図式　51
全体的なパターンの把握　50
選択的コーディング　120, 133, 148
全文検索エンジン　33, 35
戦略的な比較分析　91, 92

◆た行
ダイアグラム（図解表示）　81-82
体験版ソフト　54-55
対話　115
多重の比較分析　85
たたき上げ式　78, 110-111
　　──のコーディング　116
脱文脈化　19, 97, 131, 147
談話分析　47
知的生産の技術　29
中核カテゴリー　148
中範囲の理論　149
調査者とデータのあいだの会話　147
ツリー構造　41-42, 45, 53, 80, 82
　　──形式　133
　　概念モデルとしての──　78
定性的コーディング　43, 65, 77, 85, 115-116, 118, 122, 135, 138, 140, 150
定性的コード　97
定性的調査　ii
定性データ　1
定量的コーディング　43, 77, 116, 119, 135-137, 139
手書きでのコードの書き込み　68
手書きの段階でのコーディング　69
データ：
　　──そのものに語らせる　129-130
　　──と理論の関係　128
　　──の縮約　136, 139, 146
データ収集　112
　　──とデータ分析の同時進行　47, 111,

　　　113, 126
データ対話型理論　106, 138, 147
データ分析　112
データベース　86
　　──化　17, 18, 20-22, 25, 34, 54, 85
　　──ソフト　41
　　外部──方式　57-58
　　紙媒体の──　15
　　内部──方式　57, 59, 61
　　文書型──　i
データ密着型理論　105-106
データロンダリング　145
テープ起こし　i, 16
電子化　54, 65, 116
　　──の利点　38
電子的なコーディング　75
統計解析ソフト　53-54, 147
統計的研究　52
統計的サンプリング　122-123, 125-126
統計的調査　125
トップダウン　133

◆な行
内部データベース方式　57, 59, 61
「なぜ」の問い　ii　→ Why
並べ替え（ソート）機能　62, 80
日本語の文字　62

◆は行
配列　21-22, 24
　　──原理の汎用性　22
　　──と分類の原理　24
バインダー　62, 67
パッシング　121
ハードデータ　6, 8
反証事例（ネガティブ・ケース）　126, 148
比較分析　49, 65
　　戦略的な──　91-92
　　多重の──　85
非言語的な情報　12
ファイリング　41
フィールドノーツ　2-3, 12, 15, 21, 25, 37,

66-67, 114-115, 129, 132
フィールドノート（フィールド・ノートブック）2, 16
フィールドワーク　110, 114
プロジェクトファイル　57
文化の翻訳　25
文書：
　──型データベース　i
　──記録　15, 25
　──－コードマトリックス　86-87, 93
　──セグメント　41, 48-49, 68-69, 79, 83, 130
　──のインポート（取り込み）　52
　──ファイルの形式　59
　──メモ　71, 72, 97
分析項目　27, 44
分析的機能　148
分析的コード　41, 43-45, 67, 68
分析メモ　48, 72, 97
文脈　25, 49, 79
　──情報　24
　──性　48
　オリジナルの（資料の）──　29, 31, 130
　再──化　19-22
　脱──化　19, 97, 131, 147
　文字テキストの──　75
　モノの──　26
分類　21-22, 24
方法論的メモ　98, 101-102
母集団　123, 125-126
ボトムアップ　132
　──式　78
翻訳　24, 139

◆ま行──────────────
マイクロ・エスノグラフィー　47
ミクロレベルの社会過程　134
メモ：
　──の印刷　102
　──の通覧　102
　コード──　97-100, 147

文書──　71-72, 97
分析──　48, 72, 97
　方法論的──　98, 101-102
　理論的──メモ　98-100, 115, 121-123
目次　42
文字資料　48
文字テキスト　23, 34, 45, 49, 65, 130
　──データ　11, 13, 15
　──データの重要性　11
　──の文脈　75
文字列検索機能　69-71
モノ：
　──が持つ物理的制約　33
　──の文脈　26
問題発見　127

◆ら行──────────────
ライフヒストリー分析　47
ランダム・サンプリング法（無作為抽出法）　124
リサーチクェスチョン　114
　──の構造化　15
リッチテキストファイル　59, 61, 93
　リッチテキスト形式への変換　60, 66
量的研究　50-51
　──にとっての質的データ分析の意義　8
量的調査　4, 7, 9, 107, 116, 146, 150
量的データ　1, 4, 5
理論的サンプリング　115, 122-125
理論的飽和　125-126
理論的メモ　98-100, 115, 121-123
理論の言葉　139
レゴブロック　24, 34

◆わ行──────────────
ワードプロセッサ（ワープロ）　40-41, 94
ワープロソフト　60, 93
ワンショット・サーベイ（一発勝負型サーベイ）　51, 111-113

◆アルファベット―――――――
ATLAS.ti　ii, 55, 58, 76, 101, 106, 141
DEC（デジタル・エクィップメント）　1-2
Excel　59, 94, 151
How　ii, 105
KJ法　42, 83, 132-133
MAXqda　ii-iii, 39, 53, 55, 57, 59, 61-63, 70, 72-73, 76-77, 79-82, 89-91, 93, 98, 100-101, 103, 106, 141
Microsoft　59

NVivo　ii, 55, 59, 77, 79, 135
pdf形式　60
QDA（Qualitative Data Analysis）ソフトウェア　i-ii, 15, 33, 37-40, 42
　――のインタラクティブ性　52
　――の柔軟性　53
「QDAソフトウェア入門」　iii, 57, 73, 76-77, 80, 94
Why　ii, 105
Word　60-61, 66, 70, 151

著者略歴

佐藤郁哉（さとう　いくや）
1955 年　宮城県に生まれる
1977 年　東京大学文学部心理学科卒業
1984 年　東北大学大学院博士課程中退（心理学専攻）
1986 年　シカゴ大学大学院修了（Ph. D.）（社会学専攻）
2000 年–2001 年　プリンストン大学社会学部客員研究員
現　　在　同志社大学商学部教授
専　　攻　文化社会学，質的調査方法論
著訳書　『暴走族のエスノグラフィー――モードの叛乱と文化の呪縛』（新曜社）(1987 年度国際交通安全学会賞受賞)
　　　　$Kamikaze\ Biker$（University of Chicago Press）（$Choice$ 誌 1993 年優秀学術図書選出）
　　　　『ワードマップ　フィールドワーク――書を持って街へ出よう　増訂版』（新曜社）
　　　　『方法としてのフィールドノート――現地取材から物語作成まで』（共訳，新曜社）
　　　　『現代演劇のフィールドワーク』（東京大学出版会）（AICT 賞・第 43 回日経経済図書文化賞受賞）
　　　　『フィールドワークの技法――問いを育てる，仮説をきたえる』（新曜社）
　　　　『制度と文化　組織を動かす見えない力』（共著，日本経済新聞社）
　　　　『数字で語る――社会統計学入門』（訳，新曜社）
　　　　『質的データ分析法――原理・方法・実践』（新曜社）
　　　　『本を生みだす力』（共著，新曜社）
　　　　『質的テキスト分析法』（訳，新曜社）
　　　　など．

新曜社
QDA ソフトを活用する
実践 質的データ分析入門

| 初版第 1 刷発行 | 2008 年 11 月 3 日 |
| 初版第 8 刷発行 | 2023 年 1 月 23 日 |

著　者　佐藤郁哉
発行者　塩浦　暲
発行所　株式会社 新曜社
　　　　〒 101-0051　東京都千代田区神田神保町 3-9
　　　　電話(03)3264-4973　・　Fax(03)3239-2958
　　　　e-mail info@shin-yo-sha.co.jp
　　　　URL https://www.shin-yo-sha.co.jp/
印刷所　銀　河
製本所　積信堂

© Ikuya Sato, 2008　Printed in Japan
ISBN978-4-7885-1133-0 C1036

―――― 新曜社の本 ――――

佐藤郁哉の本

本を生みだす力
学術出版の組織アイデンティティ
A5判584頁
本体4800円

暴走族のエスノグラフィー
モードの叛乱と文化の呪縛
四六判330頁
本体2400円

ワードマップ フィールドワーク 増訂版
書を持って街へ出よう
四六判320頁
本体2200円

フィールドワークの技法
問いを育てる,仮説をきたえる
A5判400頁
本体2900円

方法としてのフィールドノート
現地取材から物語(ストーリー)作成まで
R. エマーソン・R. フレッツ・L. ショウ 著
佐藤郁哉・好井裕明・山田富秋 訳
四六判544頁
本体3800円

質的データ分析法
原理・方法・実践
A5判224頁
本体2100円

数字で語る
社会統計学入門
H. ザイゼル 著
佐藤郁哉 訳／海野道郎 解説
A5判320頁
本体2500円

関連書

ワードマップ グラウンデッド・セオリー・アプローチ
理論を生みだすまで
戈木クレイグヒル 滋子 著
四六判200頁
本体1800円

実践 グラウンデッド・セオリー・アプローチ
現象をとらえる
戈木クレイグヒル 滋子 著
A5判168頁
本体1800円

ワードマップ 質的心理学
創造的に活用するコツ
無藤隆・やまだようこ
南博文・麻生武・サトウタツヤ 編
四六判288頁
本体2200円

実践心理データ解析 改訂版
問題の発想・データ処理・論文の作成
田中 敏 著
A5判376頁
本体3300円

ワードマップ ネットワーク分析
何が行為を決定するか
安田 雪 著
四六判256頁
本体2200円

実践ネットワーク分析
関係を解く理論と技法
安田 雪 著
A5判200頁
本体2400円

ワードマップ パーソナルネットワーク
人のつながりがもたらすもの
安田 雪 著
四六判296頁
本体2400円

（表示価格は税別です。）